図解不動産業

マンションのチラシを正確に読む方法

中村 茂樹 著　大嶽 あおき 画

住宅新報社

はじめに

本書はマンションの企画・販売などに従事されている方々、あるいはこれからマンションの購入を検討されている方々を対象に、マンションの物件広告（チラシ）に記載されている設備や仕様をわかりやすく解説し、広告の内容をより一層理解していただくことを目的としたものです。

土曜日などに郵便受けに新聞の朝刊を取りに行きますと、新聞がいつもより重くて厚いことがあります。それは新聞折込みチラシがたくさん入っているからです。そのチラシはスーパーや宅配ピザや回転寿し、パチンコ店、家電量販店などのほかに、マンションの物件チラシも多くを占めています。新築のマンションのチラシが多いのですが、なかには中古マンションのチラシもあります。一般的に新築マンションの物件チラシはカラフルで写真が多く使われていますが、中古マンションのチラシはほとんど写真がなく、色も単色かせいぜい2色しか使われていません。

ところで、こうしたマンションの物件チラシを見て驚くのは、カタカナやアルファベットが氾濫していることです。なかにはカタカナでもなく、どう発音していいのかわからないアルファベットだけの名称のマンションもあります。このような命名の仕方はマンション・デベロッパー各社の工夫のあとが見られ、命名のために何回も会議を開いているものと思われますが、言葉のイメージだけが先行した造語が多いことに気づきます。ただ、命名するに至った過程が必ずあるはずで、それを消費者にわかりやすく説明できることが重要です。

大手デベロッパーが開発したマンションには、たいていシリーズ名が付されています。またグレードによって、違う名称をつけている場合もありますが、質の良いマンションを供給すれば、消費者はそのマンションのシリーズ名を聞いただけで、○○社の物件だとわかるようになるのです。

そもそも「マンション」という用語自体が外来語です。マンションは、元はフランス語でローマ時代の宿駅を意味していました。それが、英語圏に渡って、なぜか豪壮な大邸宅を意味するようになったのです。普通、英語ではアパートメント・ハウスで、わが国では略してアパートといいますが、それですと、どうしても木賃アパートのみすぼらしい姿を思い出させるためか、豪華なアパートをイメージさせるマンションという名称が定着したのです。なお、米国では分譲マンションのことを「コンドミニアム」と呼んでいます。

マンションの物件チラシには、設備の説明や間取り図や写真、得体の知れないマークなど、不明な点も多いことと思います。そこで本書では、マンションの物件チラシを解読して、隠された謎を解明しようと考えました。皆様の眼に入るマンションについて、今までより関心を持っていただければ幸いです。

なお、本書は、不動産の広告表示に関する法的規制や公正競争規約に基づく解説書ではありません。あらかじめご了承ください。

2011年9月

中村　茂樹

目次

はじめに　1

第1章　マンションの物件チラシのツボ

1　新築マンションの物件チラシ……10
2　中古マンションの物件チラシ（耐震改修の有無）……12
3　中古マンションの物件チラシ（リフォームの有無）……14
4　中古マンションのリフォームの限界……16
5　キッチンのリフォーム①……18
6　キッチンのリフォーム②……20
7　トイレのリフォーム……22
8　照明器具のリフォーム……24
9　新しいリフォームの内容……26

第2章　マンションの物件チラシの主な記載事項

1　マンションの名称……42

2 物件所在階数（総階数）……44
3 住戸番号／専有面積……46
4 バルコニー面積……48
5 間取り……50
6 物件所在地（住所、最寄り駅からの距離、時間等）……52
7 周辺環境、利便性等／マンションの構造……54
8 マンションの規模（総戸数）、販売戸数……56
9 土地および建物の権利……58
10 用途地域・建ぺい率・容積率……60
11 建築確認済番号（新築の場合）……62
12 築年月／分譲主……64
13 設計監理会社／施工会社……66
14 販売価格（ローンを組んだ場合の月々の想定支払額）……68
15 管理費／修繕積立金／町内会費……70
16 駐車場の有無と空きの有無、駐車場料金／月額……72
17 駐輪場料金の徴収の有無、料金／その他……74
18 管理準備金／その他……76
19 インターネット利用料／光通信設備保守料……78

20 共聴施設使用料／その他……80
21 本体設備や共用施設／管理形態……82
22 管理会社／ピアノ等楽器の演奏の可否……84
23 ペット飼育の可否……86
24 事務所使用の可否／リフォームの有無と内容……88
25 物件チラシの有効期限……90
26 取引形態（態様）（専任媒介、仲介など）……92
27 バリアフリーの有無……94
28 オーナー・チェンジ／その他……96

第3章　問題となる未記載事項

1 耐震診断／ペット飼育……100
2 楽器演奏の可否／その他……102
3 2戸1化住戸／駐車場の有無……104
4 土地所有権の有無／その他……106
5 居住専用用途型マンションか複合用途型か……108
6 新しい記載傾向……110

第4章　マンションの内容の変化

1　最近の新築マンションの内容……114
2　収納関係……115
3　セキュリティ機器関係……118
4　台所（キッチン）関係……126
5　洗面、浴室、トイレなどの水回り関係……132
6　ＩＴ（情報通信）機器関係……136
7　冷暖房・省エネ設備関係……142
8　共用部分関係……146
9　建物の構造の変化……158
10　その他……166

第5章　新築マンションから消えたもの

1　ダスト・シュート……174
2　牛乳受け／その他……176
3　押入れ／和室関連の装置……178

第6章　間取り図（見取り図）の見方

1　部屋名……182
2　設備関係……186
3　収納関係……188
4　外部空間……192
5　その他……194

第7章　マンションの内容に関わるマーク

1　角部屋／その他……202
2　メゾネット／その他……204
3　オートロック／その他……206
4　採光／その他……208

第8章　各種性能評価書の取得

1　住宅性能表示制度／住宅性能保証制度……212
2　「防犯性の高い建物部品の開発・普及に関する官民合同会議」による製品……216
3　省エネルギー対策等級……218

4 高齢者等配慮対策等級……220
5 劣化対策等級……223
6 維持管理対策等級……225
7 東京都「マンション環境性能表示制度」／その他……227

第9章 リフォーム事例

1 2戸1化（ニコイチ化）……230
2 ユニバーサル・デザイン……232
3 スケルトン・インフィル……236
4 コンバージョン……238
5 減築……240
6 省エネルギー……242

第10章 デザインの多様性

1 バルコニーへのガラス戸……248
2 寝室をホテルのスイートルーム仕様に／その他……250
3 吹き抜け空間／ロフト／その他……252
4 パノラマ・ウィンドウ／その他……254

第1章　マンションの物件チラシのツボ

1 新築マンションの物件チラシ

新築マンションは早く売れることが広告主にとって、最大の眼目です。そのため、消費者が早く買わないといけないと思わせる必要があります。最も多いのが「最終分譲」や「先着順」です。早く買わないとなくなってしまいますというメッセージです。しかし、2週間後に同じ物件チラシが入ると、これは売れていないのだということが、消費者にわかってしまうので注意が必要です。

あとは物件の利点の強調です。1つ目は駅に近い、それも1つの駅ではなくて、複数の駅に近いことが売りになります。2つ目は周辺の環境です。きれいな庭園や公園が近くにあるとか、買物に便利だとか、有名小中学校の学区内だとか、高級住宅地に近いとかです。

その次はやはり、マンションの名前です。先に述べたように、これも造語的なカタカナやアルファベットが多用されています。カタカナやアルファベットのほうが、高級感をイメージさせるようです。それには明治維新以来、あるいは戦後の米国文化の流入の影響があるように思われます。

このような新築マンションの物件チラシを見たことがあるでしょうか？
先着順
駅から１分
最終分譲
これらは早く買わないとなくなってしまいますよというメッセージですが…
案内人：栃木《とちぎ》　渡《わたる》
あらこの物件先々週のチラシにも出てたわね
こうなると逆に売れていないのだということが消費者にわかってしまいます
だれが売れ残りですって～!?
い…いやそんなことは言ってませんが…

2 中古マンションの物件チラシ（耐震改修の有無）

消費者が中古マンションを購入したいと考えるときに、まず注意するのは、そのマンションの完成年度です。昭和56年（1981年）6月より前ですと、旧耐震法により設計されていますので、昭和56年以降の新耐震法に適合していません。したがって、国では耐震診断をして耐震改修、すなわち耐震補強をすることを求めています。国としてはすべての建物を耐震改修したいのですが、まずは小中学校や集会所、病院などの公共性の高い施設から行うように指導しています。マンションは集合住宅ですので、その緊急性はかなり高いといってよいでしょう。中古マンションの物件チラシに耐震改修済みと記載されていれば大丈夫ですが、なんの記載もない場合には、消費者が買ってから大規模修繕で耐震改修を行うこととなり、そのための費用を負担しなければならない場合があり、注意が必要です。ただし、修繕積立金がかなりの額があり、追加負担なしで耐震改修できるマンションもあります。修繕積立金の月額がその場合の目安となります。ただし修繕積立金は、その名のとおり、築10年から20年の間に行う大規模修繕のために積み立てておくお金ですので、耐震改修まで視野に入れていないマンションがほとんどです。耐震改修が済んでいれば、むしろ積極的に「耐震改修済み」と記載するほうがよいでしょう。もちろん、耐震改修をせずに、そのままにしてあるマンションも多いのですが、東日本大震災級の大地震がくれば、危険なことはいうまでもありません。

中古マンションを購入するときに消費者がまず注意するのは
そのマンションの完成年度です
専有面積／71.84㎡
建築年月／昭和60年3月
○○コーポレーション
なぜなら…
昭和56年6月より前ですと旧耐震法によって設計されているからです
耐震改修をせずにそのままにしてあるマンションも多く
ゴ‥ゴゴゴゴォォ…
大地震がきたら危険なことはいうまでもありません
耐震改修をしてあるならむしろそれを積極的に記載するほうがいいでしょう
耐震改修済み！
中古マンション

3 中古マンションの物件チラシ(リフォームの有無)

中古マンションは、住んでいた居住者が、引き払うときに高く売れるように自分でリフォームする場合と、リフォームせずに業者に売って、業者がリフォームする場合の2種類があります。いずれにしても、汚いままで売り出しているマンションはほとんどなく、リフォームしてから売り出されているのがほとんどです。ところでリフォームという言葉はよく使われますが、どういう意味でしょうか。英語の辞書を引くと、「改革する」とか「改善(改良)する」とあります。マンションであれば、後者の意味が適当でしょう。リフォームは英語では reform ですので、re =「変える」と form =「形」から構成されています。すなわち「形を変える」という意味なのです。ところが後で述べるように実際は、あまり形は変わらないのです。というより変えられないのです。マンションの骨格となっている柱や壁を取り払ったり、付け替えたりすることは困難なため、どうしても今までの間取りが尊重されます。

中古マンションのリフォームは、今や工務店や建設会社の重要な営業種目の一つとなっています。リフォームの目的として、多くの工務店や建設会社が掲げているのが、新築当時と全く変わらない姿になるというキャッチフレーズです。その意味では、リフォームの本来の意味の「形を変える」とは違うのですが。例えば、S社の一戸建て住宅のリフォームのキャッチフレーズは「新築そっくりさん」です。マンションの場合は「マンション新築そっくりさん」です。

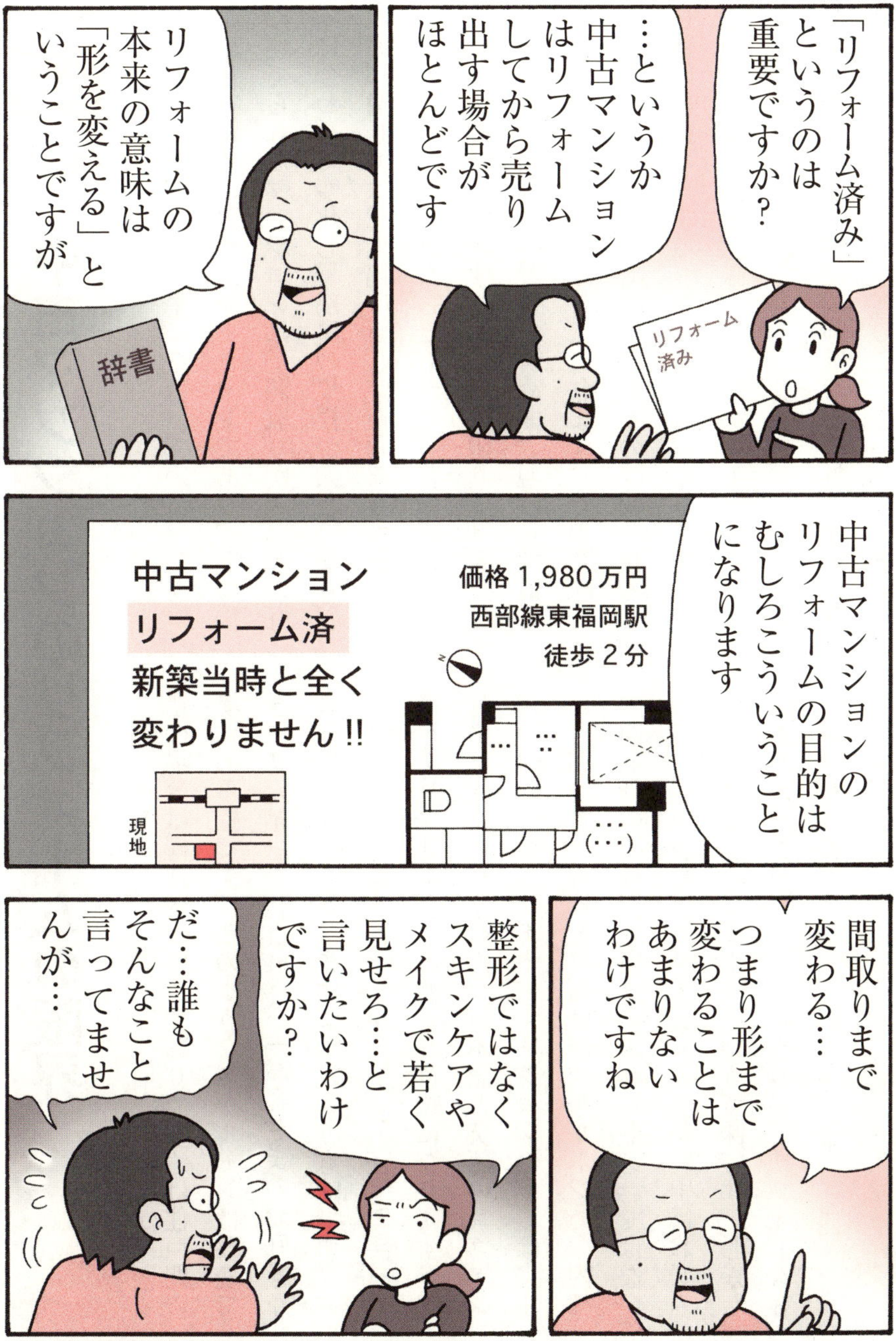
「リフォーム済み」というのは重要ですか？
…というか中古マンションはリフォームしてから売り出す場合がほとんどです
リフォーム済み
リフォームの本来の意味は「形を変える」ということですが
辞書
中古マンションのリフォームの目的はむしろこういうことになります
中古マンション
リフォーム済
新築当時と全く変わりません!!
価格 1,980万円
西部線東福岡駅
徒歩 2分
現地
間取りまで変わる…
つまり形まで変わることはあまりないわけですね
整形ではなくスキンケアやメイクで若く見せろ…と言いたいわけですか？
だ…誰もそんなこと言ってませんが…

4

中古マンションのリフォームの限界

当然ですが、リフォームを行っているマンションは古い時代に建ったマンションであり、その後に建てられたマンションは、間取りが人びとの好みに合わせて変化し、部屋の規模が大きくなり、設備に関しては、大幅に新しい便利なものが出てきています。文化財ならともかく、昔の姿に戻っては、所有者が満足するものとは限りません。リフォームは間取りの改変も含めて、現時点で最も新しい設備などに取り替えられます。その意味では確かにリフォームです。間取りの改変となると、住戸内の壁などを取り払わなければなりません。先のS社はそれを意識して「スケルトン・リフォーム」を提案しています。スケルトンとは「骨格」を意味しますので、地震などの外力から建物を守っている柱や壁などのことをいっています。

壁の場合は構造壁といっており、多くは住戸間の境にある壁です。このようなスケルトンは改変できませんが、それ以外は、「お客さまのお好きなようにリフォームしますよ」という意味です。

英語としてみると、スケルトン（skeleton：骨格）をリフォームするという意味になりますが、骨格は変えられません。日本語と英語のニュアンスの違いが見られます。マンションの多くは、住戸を囲っている柱と壁だけがスケルトンで、内部の間取りの間仕切り壁は「スケルトン」ではないので、住戸を箱にたとえると、「箱の中はお好みに合わせて変えますよ」という意味です。しかし、全体の大きさが決まっているので、リフォームも限界があります。

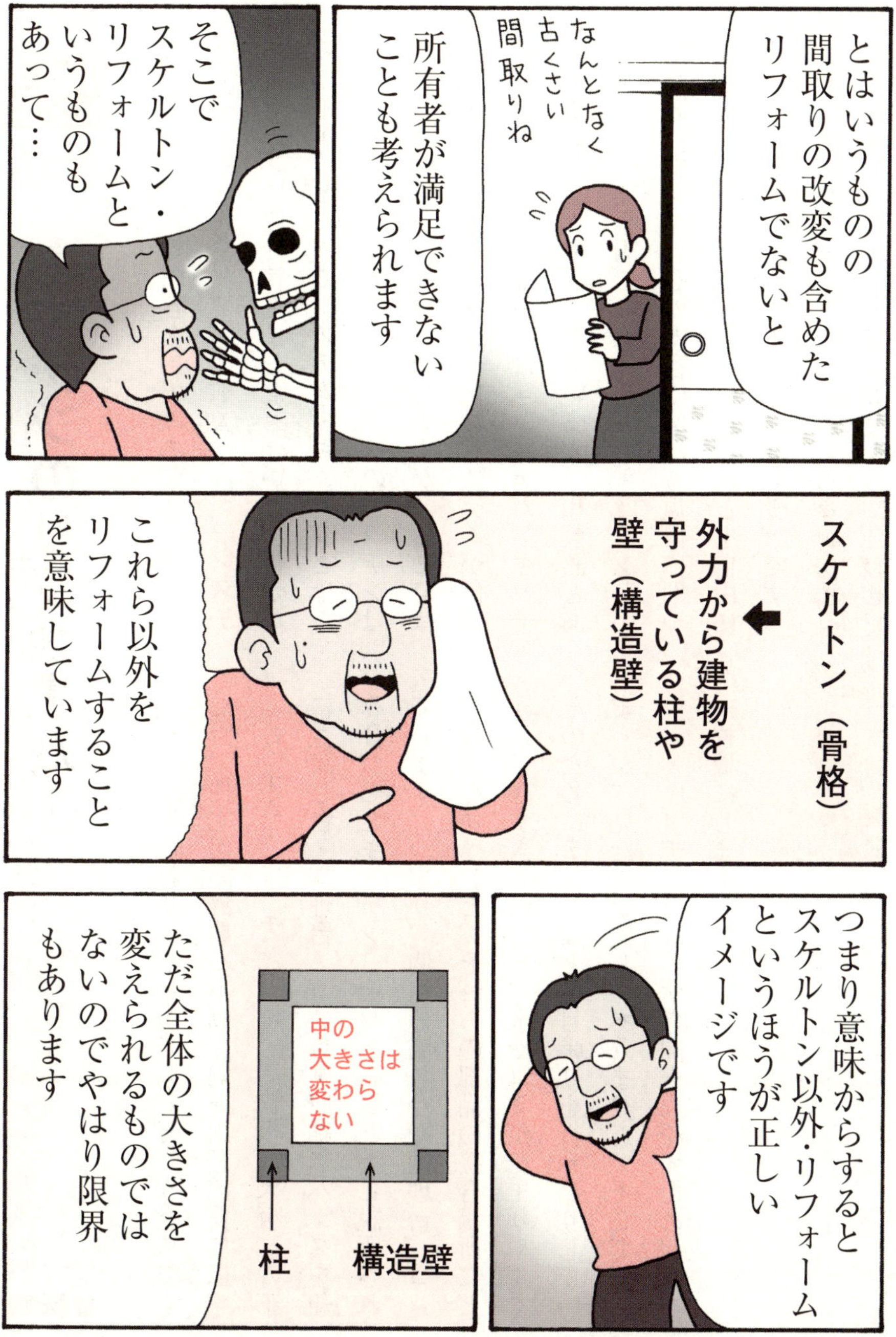
とはいうものの間取りの改変も含めたリフォームでないと
なんとなく古くさい間取りね
所有者が満足できないことも考えられます
そこでスケルトン・リフォームというものもあって…
スケルトン（骨格）
外力から建物を守っている柱や壁（構造壁）
これら以外をリフォームすることを意味しています
つまり意味からするとスケルトン以外・リフォームというほうが正しいイメージです
ただ全体の大きさを変えられるものではないのでやはり限界もあります
中の大きさは変わらない
柱
構造壁

5 キッチンのリフォーム①

次にリフォームの内容を見てみましょう。

中古マンションのリフォームでは、「システム・キッチンに取り替えました」という物件が多いのですが、ところでシステム・キッチンとはなんでしょうか。システム・キッチンのキッチンは一般的には英語の台所を意味しますが、ここでは厨房器具をいいます。キッチンにシステムが付いているのです。実は広辞苑に「システム・キッチン」が語彙として掲載されています。和製語とありますので、英語圏ではシステム・キッチンといっても通じません。その内容は「ある規格に則った流し台・調理台・ガス台・収納庫などを自由に組み合わせ、一体化して作り付けた台所」です。要するに寸法が統一化されたいろいろな厨房器具の部品があり、それらを部屋の大きさに合わせて好みで組み合わせることができるという意味です。

ただ、住宅用語辞典や不動産関連用語辞典では、「システム・キッチンとは、一枚板（天板）の下に、流し台・調理台・コンロ・収納スペースを組み合わせたキッチン・セットのこと」と説明されています。つまり、個別の流し台や調理台、コンロなどを並べると、それらの部品の接合場所にどうしてもすき間ができ、水やゴミがたまりやすく、そのためにテープなどで目張りを行ったりしていますが、見た目が美しくありません。そこでシステム・キッチンでは、すき間をなくすため、上を一枚板にします。

システム・キッチンに取り替えました
システム・キッチン…？　何デスカ？
システム・キッチンとは和製語なので英語圏の人には通じません
要するに統一された規格に則ったいろいろな厨房器具を組み合わせて一体化して作り付けた台所
オー！ソウデスカ
さらに住宅業界的には一枚板（天板）の下に器具や収納スペースが組み合わされたキッチンセットのこととされています
スキマガナクテキレイデスネ〜

6 キッチンのリフォーム②

台所の器具は大幅に進歩しました。例えば、電子レンジや食器洗い機、電気調理器具などは当たり前となってきました。また、調理台も日本人の平均身長の伸びにより、だんだんと高くなりました。昭和20年（１９４５年）の20歳の女性の平均身長は１５３・２㎝でしたが、平成７年（１９９５年）には１５８・４㎝と、５㎝も身長が伸びています。日本工業規格（ＪＩＳ）では、流し台・調理台の高さ寸法を80㎝と85㎝の２種類としています。少し前のキッチンでは80㎝が主流でしたが、日本人の身長が伸びてきたこともあり、今では85㎝が主流になっています。もちろんシステム・キッチンであれば、高さを身長に合わせるオーダー・メードも可能です。

また冷蔵庫も大型化しており、以前の間取りですと、小型の冷蔵庫しか入らないなどの不便がありました。さらに食器洗い機も普及して、その収納場所が古いマンションの台所にはないという問題もあります。地震に対しても、地震時に食器棚から食器などが飛び出さないように、扉に工夫をするなどもリフォームで行われています。

流し台の奥行も広くなり、使いやすくなっています。流し台の奥行を長くすると、調理や食器洗いのときに、左右に移動する距離が短くなり、労働が軽減されます。しかしながら中古マンションですと、流し台の背後の寸法が短く、流し台の奥行を広げることができない場合がありますので注意が必要です。

女性の平均身長はこの50年で５cmも伸びています
５cm
158.4cm（1995年）
153.2cm（1945年）
そこでＪＩＳでは流し台・調理台の高さを従来主流だった80cmに85cmを加えた２種類としています
85cm
80cm
また食器洗い機や大型冷蔵庫の収納場所の確保もリフォームで行われています

7 トイレのリフォーム

便器の改良は大幅に進みました。まず、最初に便座を温めるものが出てきました。冬に便器に座るとひんやりして、暖房の利いていないトイレでは、さらに寒さを感じたものです。高血圧の人がトイレで脳溢血の発作を起こすのも、トイレが寒かったからです。次に出てきたのは大便の後に温かいお湯でお尻を洗う装置です。欧米諸国のホテルの浴室兼トイレ（欧米では浴室とトイレは同室の場合がほとんど）には、古くからビデがありました。男女が愛し合ったあとなどに、女性が性器を洗浄する装置です。欧米のホテルに宿泊した日本人の中老年男性が、ビデがなんだかわからなくて、そこで〝顔を洗った〟というのは、かなり昔から知られたジョークです。このジョークのみそは、主人公が海外の習慣に疎いオヤジというところです。おそらく温水洗浄便器の発想もビデからきたようです。不思議なことにビデのない日本で温水洗浄便器が開発されて、それが今では輸出されているのですから、日本人のアイデアは誇るべきものでしょう。欧米では、いまだに温水洗浄便器を備え付けているホテルは少ないのです。

「ウォシュレットに直しました」と書いてある物件広告がありますが、ウォシュレットはある便器メーカーの商標で一般名詞でないことに注意が必要です。メーカーの商標が一般名詞のように使われていることが結構多いのですが、これはパイオニアとしての栄誉ですね。

冷たい便座に座るのはつらかったから…
温かい便座にリフォームしていない古い中古マンションは嫌だわ
高血圧の人がいた場合などは脳溢血の発作を起こす危険性もありますしね
ガー
温水洗浄器ならなおいいわね
広告ではメーカーの商標が一般名詞のように使われてることも多いので注意しましょう
ウォシュレットに直しました

8 照明器具のリフォーム

照明器具の増設では、特にダウンライトの使用が目につきます。ダウンライトとは天井に埋め込まれている電気器具で、主に電球が使われています。ダウンライトだと、天井から出っ張らないため、すっきりするので好まれるようです。また間接照明も多くなっています。間接照明とは光源を一度壁や反射板などに反射させて、直接、光源が居住者の目に入らないようになっている照明器具です。デザイナーズ・マンションと呼ばれている今はやりのデザイナーが設計したマンションでは間接照明が多用されています。なんとなく高級バーやラウンジのような雰囲気を家庭に持ち込んだ気がしないでもないのですが、あからさまに天井や壁などに照明器具が突出しているのを嫌ったせいと思われます。もちろんスタンドやシャンデリア、投光器など、室内の装飾品として設けるケースも、中古マンション、新築マンションの両方で見受けられます。照度を調節する調光器を設けている照明器具も多くなりました。また新しいマンションほど、コンセントの設置場所が多くなっていますので、たこ足配線をしなくてもすみ、部屋のなかがすっきりします。

照明についても省エネが進んでいます。消費電力の節減から、白熱灯から蛍光灯へ、さらに、現在は価格が高いのですが、ＬＥＤという発光ダイオード照明が家庭でも普及が進むことが予測されています。初期投資は高いのですが、耐用年数が長いので、長期的にみると経済的というのがＬＥＤ販売業者のうたい文句です。

天井に埋め込まれているダウンライトや
間接照明のように照明器具を突出させないものが好まれています
LED電球もいいんでしょ？
世代交替
初期投資は高いですが白熱灯などに比べて長持ちするので長期的にみるとということですね
はい

9 新しいリフォームの内容

(1) 人感センサー取付け

人感センサーとは、人や動物から放射される熱線の量の変化を検知するもので、様々な用途に使われています。一軒家などでは、空き巣などの侵入者を検知するために使われています。ただ、夜間に普通の道路を歩いているときに、突然、道路際の住宅の玄関の外灯がついて驚かされることがあります。泥棒と間違えられている気がして、少し不愉快に思うのは筆者だけでしょうか。昔は飼い犬がその役目を果たしていました。

マンションの場合は共用部分の様々な箇所で使われています。共用玄関や駐車場、駐輪場、階段室などの電気の節電のために使われています。例えば、エレベータがあり、普段は使われない階段室で常時照明を点けているのは不経済ですので、人が近づいたときだけ点灯するようにしたものです。

(2) テレビモニター付きインターホン取付け

来訪者の声だけでなく、顔や姿がわかることが望まれています。そのため、テレビモニター付きのインターホンが普及しています。また、台所で食事の準備などで手が放せないときがありますので、ハンズフリーのインターホンを取り付けているところも多いのです。もちろん白黒画面ではなく、カラーが一般的です。ハンズフリーとは、なにかの作業で両手が塞がっていても用が足せるという意味です。

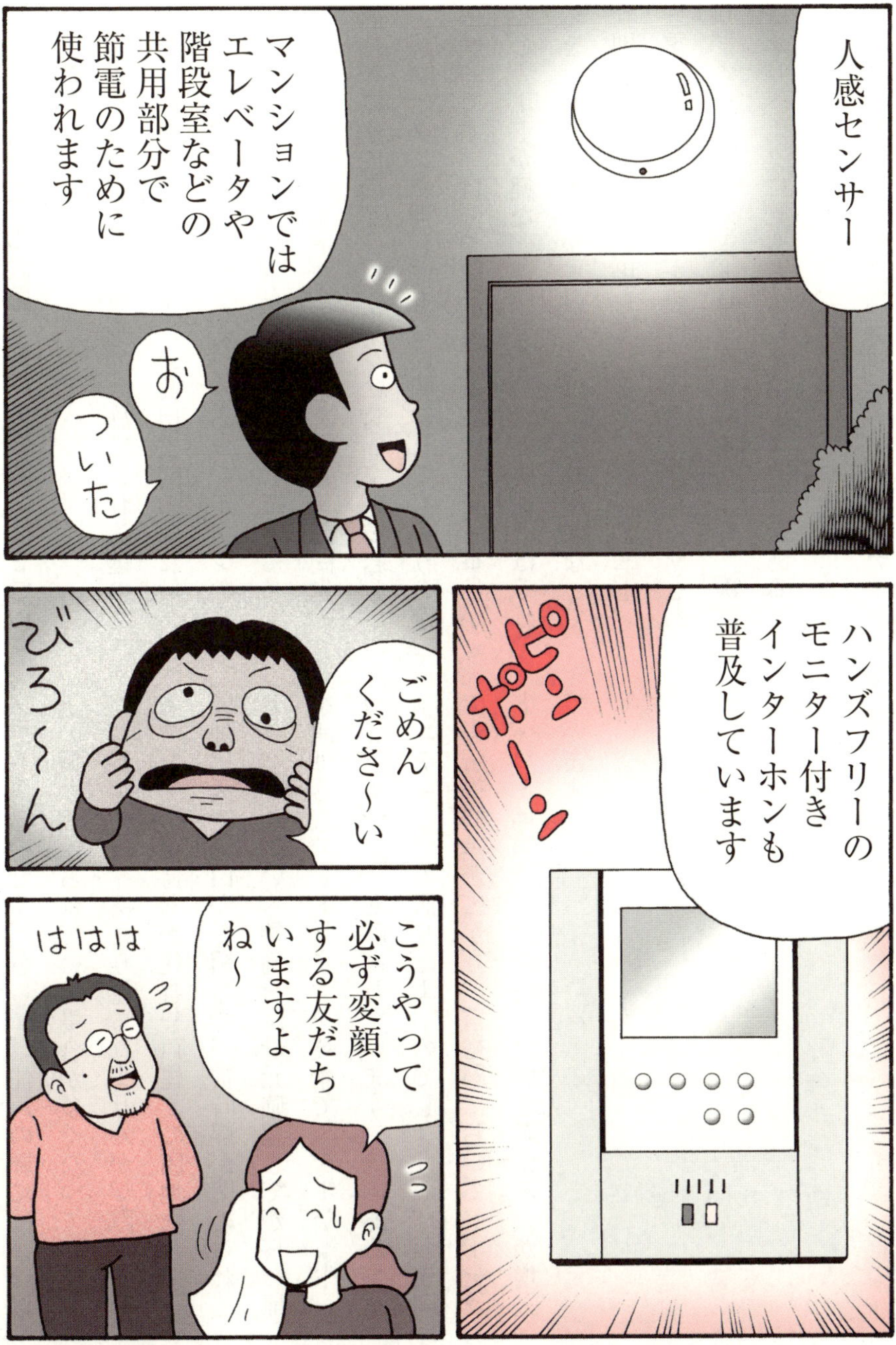
人感センサー
マンションではエレベータや階段室などの共用部分で節電のために使われます
お
ついた
ハンズフリーのモニター付きインターホンも普及しています
ピンポーン
ごめんくださ〜い
びろ〜ん
こうやって必ず変顔する友だちいますよね〜
ははは

(3) オートロックの設置。住戸の玄関には2つ以上の鍵

オートロックとは、自動的に施錠される鍵のことをいいます。マンションの共用玄関の扉に付いていて、居住者以外の人が外からマンションの内部に入るときには、ドアの前に設置してあるインターホン付きの装置で部屋番号を押し、訪問先の居住者に室内のインターホンに付いている自動ドア解除ボタンを押してもらい開錠してもらうのが一般的です。自分で開けて入るには、暗証番号かICカードか鍵などが必要なので、居住者はそれらを持っていますが、最近では、指紋や顔などで判別できるものも登場しています。さらに二重、三重のオートロックを設けているマンションもあります。玄関のオートロックを解除しても、次にはエレベータに乗るときにオートロックがあるという具合です。二重、三重のオートロックになっていることは、いわば高級マンションのステータスでもあるのです。さらに、住戸の扉には2つ以上の鍵が設けられている場合が多くなっています。

わが国では、あまり見られませんが、欧米や東南アジアの金持ちが住む一戸建ての団地などで、団地に入る入口が1箇所で、常時扉が閉められており、そこにいる警備員が身元確認してから、扉を開けるものもあります。英語で「ゲーテッド・コミュニティ」と呼ばれています。扉のあるコミュニティとでも訳せばよいのでしょうか。わが国でも所得格差が広がり、富裕層においてゲーテッド・コミュニティに居住したいと考える人が増えています。

第1オートロック開錠!!
第2オートロック開錠!!
第3オートロック
開錠!!
搭乗します
高級マンションの話ですよ…
F-ZERO
フォースゲートオープン

(4) ガラス戸にはサブロックが付けられる

外部に面したガラス戸には、通常付けられているロック以外に、安全のため、さらに簡易なロックが付けられます。しかし、ロックに関係なくガラス・カッターなどでガラス面を簡単に開けられて侵入される場合もありますので、簡単にガラスが切れたり、割れたりしないようにシートを貼る場合もあります。後で述べるミラー・シートも、そのような機能が付加されています。

(5) 外壁タイル貼り

マンションの外壁にタイルが貼ってあることが、高級感があるマンションと認知されているようです。そのため「外壁にタイルを貼りました」という物件広告が多いのです。ただし、中古マンションの場合、新築当初からタイル貼りで、タイルが劣化したので新たに貼り替えたのか、タイル貼りでなかった外壁を、高級感を出すために新たにタイルを貼ったのかは不明な物件がほとんどです。

外壁のタイルの修繕は、結構やっかいです。壊れて、ひび割れしたタイルだけ取り替えれば安く済みますが、同じ色や模様のタイルの製品がもう製造されていない場合が多いのです。同一製品がない場合には、近い製品で修繕しますが、どうしても、色や模様が違うため、まだら模様になります。それを嫌がる場合には、同じ色で新たに製造(焼成)してもらうしかありません。そのため、全面貼り替えが行われることが多いようです。もちろんこれは高くつきます。

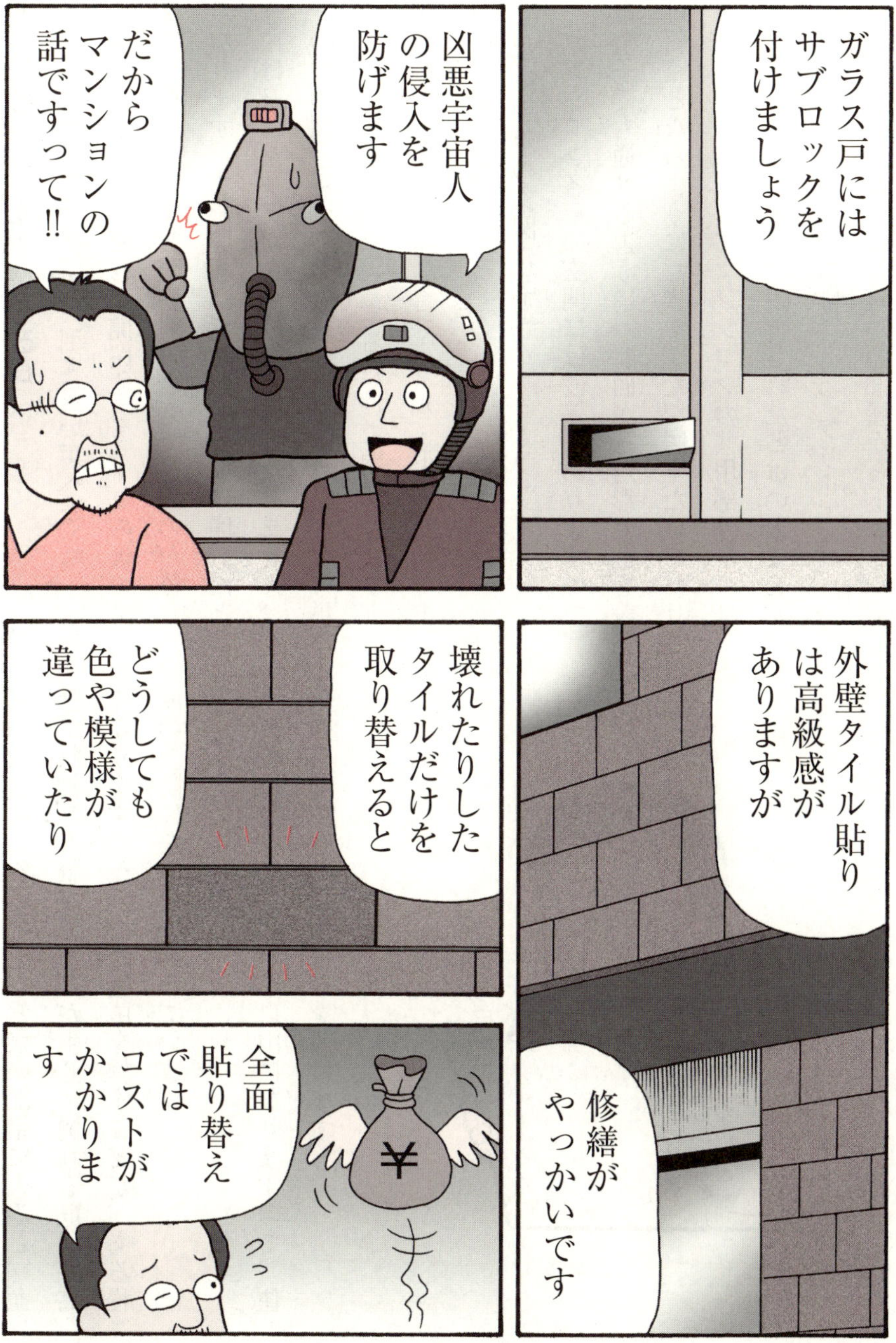
ガラス戸にはサブロックを付けましょう
凶悪宇宙人の侵入を防げます
だからマンションの話ですって!!
外壁タイル貼りは高級感がありますが
壊れたりしたタイルだけを取り替えると
どうしても色や模様が違っていたり
修繕がやっかいです
全面貼り替えではコストがかかります

(6) バリアフリー化、扉の改良

① 扉の改良（開き戸から引き違い戸へなど）

高齢化すると、回して開閉するタイプの扉のノブは、指や手首などの筋肉の衰えで回すのが難しくなります。また開き戸ですと、手前に開いたときには身体をドアから避けなければなりません。そのため開き戸から引き違い戸に改良したり、単純に押したり引いたりするだけで開閉できるドア・ハンドル（プッシュ・プル・ドア・ハンドル）に改良します。

② 車椅子用の玄関に改造

マンション各戸の玄関には段差がありますので、車椅子でも通れるように、断面が三角形の台を設け斜路となるようにします。ただ居室だけをバリアフリーにしても、マンションの共用部分がバリアフリーでない限り、改善されたとはいえません。

③ 水回りの暖房化（温度バリアフリー）

先に述べたように、暖かい部屋からトイレや浴室（最初に入る場合）など寒い部屋に入ると、血管が収縮して脳溢血などが生じ、倒れる危険が高くなります。そのため暖房を施すことが、ある程度の予防になるといわれています。

④ 手すりの設置

高齢になると足腰が不自由になりますので、住戸の玄関や廊下に手すりを設けます。

社会の高齢化に伴ってバリアフリー化に対する意識が高まっています
どういったものがあるのか考えてみましょう
開閉しやすいドア・ハンドルへの改良
カチャ
力がなくても簡単ね
車椅子用の玄関に改造
スロープね
水回りの暖房化
冬場の急な温度変化はこたえるからのう
手すりの設置
こりゃ助かる

(7) 抗菌塗装

食中毒が頻繁に起こっているせいでしょうか、抗菌が一種のブームになっています。ただ昔より食中毒が増えたというわけではないようです。かつて不潔なオヤジ族のいる家庭では、風呂水が汚れるので、オヤジが入るのは最後になったり、洗濯機ではオヤジの衣類の洗濯は別にしたり、娘が洗濯機にオヤジの洗濯ものを入れるのに手で触れないで箸を用いたなんて話もありました。いささか過剰反応だと思われますが、ひとつの風潮なのでしょう。

清潔意識の過剰は別として、確かにわが国は湿気が多いので、室内の壁・床・天井などのカビは困りものです。そのため、細菌やカビの繁殖を抑える抗菌塗装や抗菌を施した壁材など多様な製品が生まれています。また、様々な機器も抗菌がうたわれています。エアコンのフィルターや空気清浄機、便器にも、抗菌が施されている製品があります。抗菌以外にも有機物を分解するため、シックハウス対策にもなります。このため抗菌だけではなく、防臭、消臭、防汚効果を備えた製品も数多く出回っています。またまたオヤジ対象ですが、加齢臭といわれている老化による老人臭や汗臭い匂いを取り除くワイシャツも開発されています。

しかし、あまり抗菌、抗菌といいますと、まるで無菌室にいるようで、人間が本来持っている細菌に対する抵抗力が弱くなるのではと懸念するのは筆者だけでしょうか。

湿気が多いわが国では室内のカビ対策のため…
うっぷ
抗菌を施した様々な製品が生まれています
抗菌塗装もその一つ
抗菌
ニュ
キャー
キャー
ピカピカ
シックハウス対策にもなりますよ
お父さんくさ～いきたな～い
あああ…
娘が父をカビ扱いする～

⑻ ハウス・クリーニング

リフォームではありませんが、ハウス・クリーニング済みであるという記載がよく見られます。比較的新しいマンションでリフォームをするほどではなく、ハウス・クリーニングをすれば新築同様の姿になる場合に行われます。

⑼ CF貼り替え

CFとは「クッション・フロア」の略です。床材の一つで、塩化ビニール材を使用したものをいいます。弾力があり、歩きやすく、掃除もしやすいのでキッチンや洗面室など水回りで多く使用されています。絵柄も豊富にあります。すなわち、以前は硬い床だったのを弾力性のある床に貼り替えましたという意味です。

⑽ ペットと共生リフォーム

ペットの飼育を許容するマンションも増えており、ペットと人間が一緒に住むことによる問題点をなるべく少なくしようとするリフォームもあります。それは次のようなリフォームです。

① 匂いがつきにくく、汚れにくいコーティング材の使用

② 滑らない、キズが目立たない床や壁材の使用

③ 巾木を従来のものよりも高さの高いものに付け替える

犬は手足で床や壁を引っ掻いたりかんだりしますので、なるべくそれに耐えられる材料に改変します。巾木は従来ですと高さが10㎝ぐらいですが、それを20㎝以上に高くして、引っ掻いても構わないようにします。

その他 ハウス・クリーニングや
リフォームではないけど
CF《クッションフロア》貼り替え
水回りで多く使われる床材ね
ペットと共生リフォームなどが行われています
匂いや汚れがつきにくいコーティング材
滑らずキズが目立たない床
高さの高い巾木(20㎝以上)

⑾ 中古マンションのリフォームにかかる費用

おそらく消費者の関心は、「リフォームにいくらかかるか」ということでしょう。国土交通省は平成18年（２００６年）に『増改築・改装等実態調査結果』の報告書を出しています。32万３６２９件の増改築・改装事例から左頁のような工事内容別の工事費の平均を出しています。もちろんこれは一戸建ての増改築・改装工事が主ですので、マンションの専有部分のリフォーム工事には該当しない工事もたくさんあります。

例えば、「太陽熱温水器の設置工事」「屋根のふき替え工事」「屋根・外壁などの取替え工事」「基礎構造の補強工事」などです。

なお、１軒当たりの平均工事実施額は、３３２万円です。もちろん、左頁のすべての工事をやるわけではなく、特定の目的に沿って行われますので、１軒当たりの平均工事金額は３００万円程度です。

また近年は、地球温暖化防止促進がうたわれていますので、「住宅の省エネ改修促進税制」などが設けられています。これによって左頁の断熱工事や窓を複層ガラスに取り替える工事などは、工事費のローン残高の一定の割合を所得税額から控除することができます。省エネ改修のことを「エコ・リフォーム」などといっています。

バリアフリー工事の内容は、先に少し述べたように、扉の改良（開き戸から引き違い戸へなど）、車椅子で通れる玄関に改造（段差の解消）、水回りの暖房化（温度バリアフリー）、廊下やトイレ、浴室への手すりの設置などで、その工事については介護保険の補助制度があります。地方公共団体でも独自の補助制度を設けています。

リフォームにかかる費用の目安はこんな感じになります

内装の模様替え	168 万円
間取りの変更工事	175 万円
窓・扉など取替え工事	58 万円
台所など給排水設備の改善工事	206 万円
トイレの設備改善工事	99 万円
浴室の設備改善工事	177 万円
集中冷暖房設備の設置工事	16 万円
太陽熱温水器の設置工事	157 万円
断熱工事	357 万円
屋根のふき替え工事	147 万円
屋根・外壁などの取替え工事	216 万円
基礎構造の補強工事	522 万円
その他	267 万円

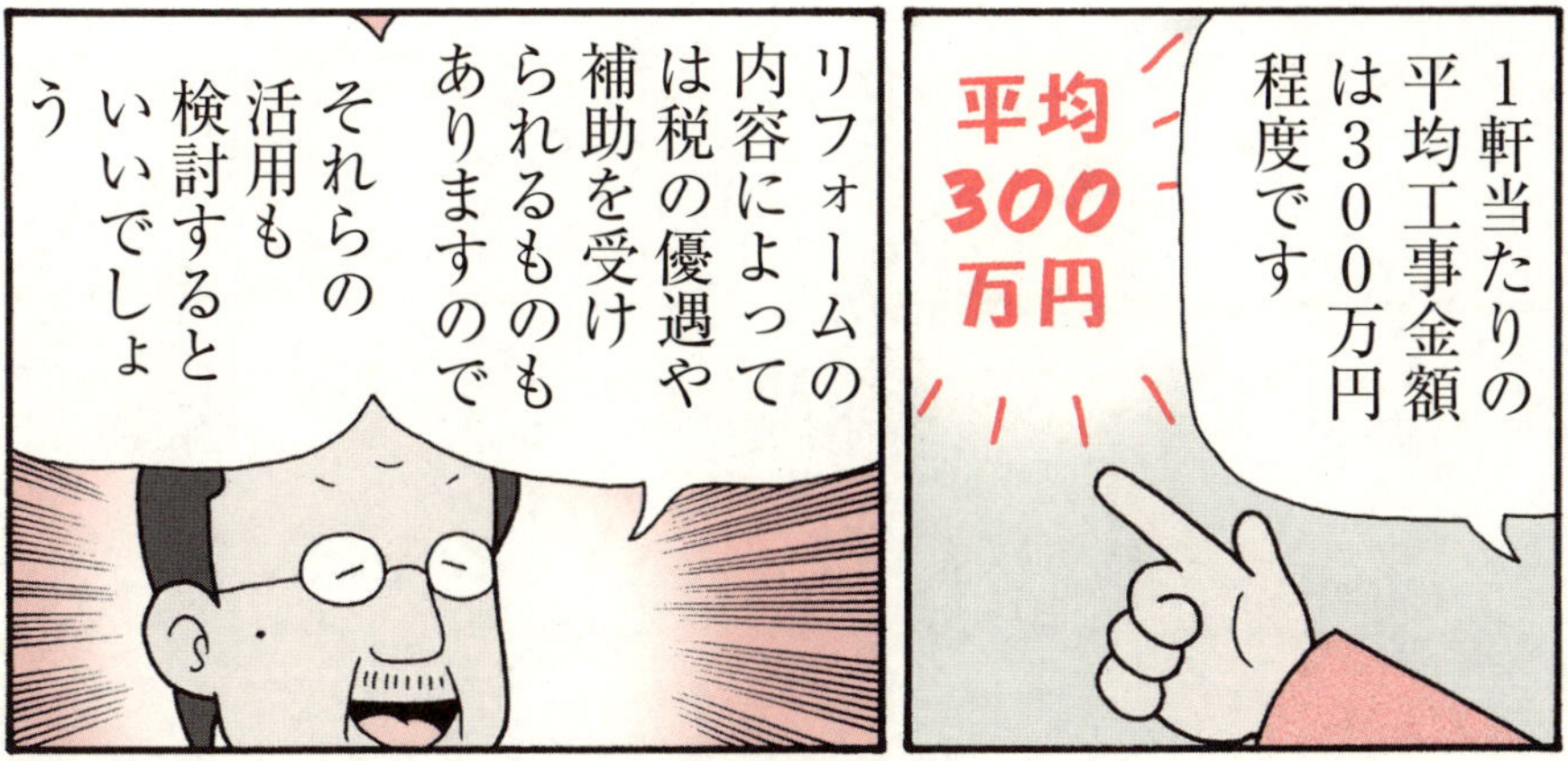
1軒当たりの平均工事金額は300万円程度です
平均300万円
リフォームの内容によっては税の優遇や補助を受けられるものもありますので
それらの活用も検討するといいでしょう

第2章 マンションの物件チラシの主な記載事項

1 マンションの名称

まず、マンションの物件チラシで目につくのがマンションの名前です。先に述べたようにカタカナが多く使われています。よく使われているカタカナのマンション名とその意味を、いくつか挙げてみましょう。

①パーク：英語で「公園」を意味します。
②ガーデン：英語で「庭」を意味します。
③スカイ：英語で「空」を意味します。
④グランド：英語で「大きい」とか「壮大」を意味します。フランス語ですとグランで、最後のドは発音されません。
⑤メーゾン：フランス語で「家」を意味します。
⑥ファミール：フランス語で「家族」を意味します。
⑦パレス：英語で「宮殿」を意味します。
⑧キャッスル：英語で「城」を意味します。
⑨タワー：英語で「塔」を意味します。

マンションの名前ってカタカナが多いですよね？
パーク
ガーデン
スカイ
グランド
メーゾン
ファミール
パレス
キャッスル
タワー
そうですね多く使われてるのはこれらです
ふ〜んじゃあグランドスカイパークタワーという名前だとすると…
大空公園の塔ということですね
ま…まあね

2 物件所在階数（総階数）

その物件の所在階数が、好みの階数かそうでないかは、人によって異なります。要介護の老人がいる世帯であれば、1階が好ましいでしょう。バリアフリーを施したマンションであれば、車椅子が使えます。また1階には専用庭があるマンションが多いので、家庭菜園やガーデニングを楽しみたい人にはお薦めです。ただし、専用庭といってもあくまでも共用部分であり、周りからクレームがつく場合がありますので注意が必要です。例えばあるマンションでは、1階の住民が家庭菜園のため、専用庭の地面を耕したり堆肥を混ぜたりしたところ、風が吹くと土が舞い上がるとか、臭いがするなどのクレームが上階の居住者からきました。あるマンションは建設後かなりの年数が経っており、専用庭の樹木が成長し葉が生い茂り、部屋の中が暗くなったので剪定をしたところ、上階の住民から鳥が来なくなり寂しくなったと文句を言われました。

一番上階の物件は、景色は一番よいのですが、天井のすぐ上は屋上なので、屋上の防水層が劣化して雨漏りが起きる心配があることと、夏場は屋上に照りつける日射により暑くなることから敬遠される場合が多いようです。しかしながら、最近の新しいマンションはそのことを考慮して、屋上断熱を十分行っているケースが多くなりました。断熱方法としては、普通の断熱材のほか、二重床や屋上緑化などがあります。

昔は、5階までの中低層のマンションが多く建設されました。5階までのマンションですと、エレベータがない物件が多いのです。そのため、住民がエレベータの増設を希望することが多くなっています。ただ費用がかかるので、実現しているマンションは数えるほどです。もちろん新築マンションでは、たとえ5階建て、4階建ての中低層の建物であろうと、エレベータは付いています。

また、最近は超高層マンションが増加しており、高いところに居住したい人びとも増えているようです。なんといっても眺望がよいことが気に入られている理由です。東京の超高層マンションであれば、夏場、いろいろなところで催される花火大会を自宅から見られる、天気がよければ富士山が見られるという恩恵もあります。しかし、老婆心ながら気になるのは、地震などの自然災害で停電となり、エレベータが止まったりしたら悲惨です。例えば50階を階段で昇り降りするのは大変なことです。緊急時の自家発電装置が付いていますが、うまく機能するかどうかは別問題です。もちろん高所恐怖症の人は住めません。

また、着工後年数が経ち、大規模修繕を行わなければならなくなったときに、足場の設置だけでも、多大な工事費がかかることを覚悟しなければなりません。その辺の対応策について十分説明できることが必要です。超高層マンションの出現は最近のことなので、大規模修繕が行われるのは先のことですが、注目されることは必至です。そのため、ある程度の予測が必要です。

3 住戸番号／専有面積

(1) 住戸番号

住居の番号を気にする人は結構いるようで、4（死）とか9（苦）を忌避する人も多いようです。マンションのなかには、そのような番号をつけていないマンションもあります。すなわち、303号室の次は305号室で、番号が飛んでいるのです。さすがに4階をなくすわけにはいかないようです。外国人が住む場合には13番（キリストの最後の晩餐の人数、死刑台への階段数など）が嫌われます。

(2) 専有面積

マンション選びの最も重要な判断基準となるものです。家族数や家族の年齢を考えて、どのくらいの面積が必要かを判断します。しかし、これは間取りと合わせて検討しなければならない事項です。面積が大きい場合でも、特にリビングの面積が大きく、半面部屋数が少なければ、家族数に合わせた部屋数を確保できない場合があります。もっともわが国の家族数が減少しているためか、最近のマンションは広いリビングルームをうたい文句にしているマンションが多くなっています。テレビも薄くて大型の画面のものが普及したので、劇場ではないですが、広いリビングが必要になったのかもしれません。多くの物件チラシは面積を㎡や坪で記載しています。年配の人ほど坪のほうがピンとくるようです。というのも畳2畳が1坪なので、広さがイメージできるからです。しかし、若い人で和室になじんでいる人は少なくなっており、㎡だけでも広さ感覚がつかめる人も多くなっています。

マンション選びでは専有面積が最も重要な判断基準でしょう
もちろん間取りと合わせて検討しないと…
リビング
2LDK
後でこういうことにもなりかねません
広いリビングいらな～い!!
ブー
個室が欲しい
ブー
ブー
もっとも最近は家族数の減少や大画面テレビの普及などから
広いリビングルームをうたい文句にしているマンションが多いですが…

4 バルコニー面積

バルコニーは、ベランダ、ポーチ、テラスなどとも呼ばれます。ポーチの場合は玄関の部分を指す場合が多いのですが、米国ではバルコニーと同じ意味で扱われています。物件チラシにはバルコニーの名称が使われている事例が多いようです。

実は、バルコニーは法律上は共用部分なのです。しかし、バルコニーのある住戸では、そこを家族以外が勝手に使うことはないので、専用使用部分となっています。専有部分ではないので、バルコニーの面積分に相当する管理費や修繕積立金は払いません。したがって、バルコニーが広いほど共用部分を独り占めにできることからラッキーということになります。ただし、共用部分ということもありますが、建築基準法上、バルコニー部分に勝手に壁やサッシを取り付けて、部屋にすることはできません。

1階部分の住戸には、バルコニーではなくて専用使用庭があります。これも一応共用部分なのです。先に述べたように、あるマンションでは、その庭に比較的大きな樹木が植えられていました。葉が生い茂り、居住者は室内が暗くなるということで、かなり剪定をしました。ところが上階の住民が苦情を言ったのです。「なぜ枝を切った。鳥が来なくなったではないか」という苦情です。また落葉樹が植えてあると、秋から冬の落ち葉集めが大変です。専用庭を持つことは、居住者にとっては庭付き住宅の暮らしを味わえて、よいことかもしれませんが、気苦労もあることを覚悟しないといけません。

バルコニーが広いから壁やサッシをつけて部屋みたいにしちゃいましょうか
いいね
ちょっと待った!!
そういうことは建築基準法上認められていませんよ
え〜
そうなの?
それからバルコニーは
法律上は共用部分であるということを覚えておいてください
へえ〜だからバルコニーの面積分に相当する管理費や修繕積立金を支払う必要がなかったのね
まあ現実には家族以外が勝手に使うことはないですけどね

5 間取り

最も重要な選択の判断基準となります。最近はなぜか横文字で部屋名を記載してある物件チラシが多くなっています。まさか、外国人が買うことを意識しているとは思いませんが。間取りに記載された部屋名などの説明は後述します。

間取りの良しあしは当然あります。収納が全くないような間取りもあります。現代人は物持ちなので、収納は欠かせません。収納がないということは、自分で箪笥などの収納庫を買って備えなければならず、広く思えた部屋も実際に使えるところは狭くなってしまったといった失敗もよく聞きます。

間取りを簡単に表すのに、２ＬＤＫ（ニーエルディーケー）や３ＬＤＫ（サンエルディーケー）などの略字としてのアルファベットが使われてきました。確かにわかりやすい場合もありますが、よくわからない場合もあります。３ＬＤＫで説明しますと、Ｌはリビング（居間）、Ｄはダイニング（食堂）、Ｋはキッチン（台所）で、３はこれら以外の部屋（トイレや浴室以外の居室）数をいいます。ただ、Ｌの居間とＤの食堂が一緒になっているマンションも多くなっています。またオープンキッチンといって、台所と食堂が一体となっているマンションもあります。昔のマンションの場合は３Ｋという間取りもありました。すなわち３室の主に和室と、Ｋの台所がある間取りという意味です。３室のうちの１室が茶の間であり、今風に言えばＤとＬの兼用の部屋で、食事や家族団欒が終われば、布団を敷いて寝室になりました。

マンション選びでは間取りが重要な検討材料となりますよね？
そうですね
3LDK
じゃあ
これが表す間取りはわかりますか？
LのリビングDのダイニングKのキッチンとそれ以外に3部屋あるということ
はい正解
もちろんトイレや浴室はその3部屋には含まれませんよ
収納が全くないのは除外よね
うん
間取りには良しあしがありますから慎重に…

6 物件所在地（住所、最寄り駅からの距離、時間等）

所在地は、2とおり記載されている場合がほとんどです。1つは「地番」といって、土地の登記簿上の所在地です。すなわち、土地の所有を表す番号で、徴税の対象となる土地です。2つ目は、普通に我々が住所として記載する「住居表示」といわれるものです。簡単に言うと、郵便物の宛先としての所在地を示すもので、主に郵便配達に便利なように設定されています。

同じ面積の住戸であれば、その所在地により、価格は異なります。当然のことながら鉄道の駅に近いほど高くなります。もちろん多くの鉄道路線が乗り入れている駅の近くはさらに高いのです。鉄道駅からバスに乗り換えて行かなければならないところにあるマンションは安くなります。また、会社がたくさんある業務地区に近いほど価格は高くなります。というのも、一般的にいって業務地区のほうが住居地域より地代が高いのです。したがって、出せる金額の上限が決まっているとすると、通勤時間を短くしたいのなら、面積は小さくても我慢しなくてはなりません。ゆったり暮らしたいとなると、通勤時間を犠牲にして郊外に見つけることになります。もちろん、そのほか、様々な条件をチェックする必要があります。例えば、その場所を管轄する地方公共団体についても調査する必要があります。というのも地方公共団体により地方税の額が違います。たくさん税金を払っても、その見返りとして福利厚生に力を入れており、暮らしやすい地域もありますので十分に検討する必要があります。

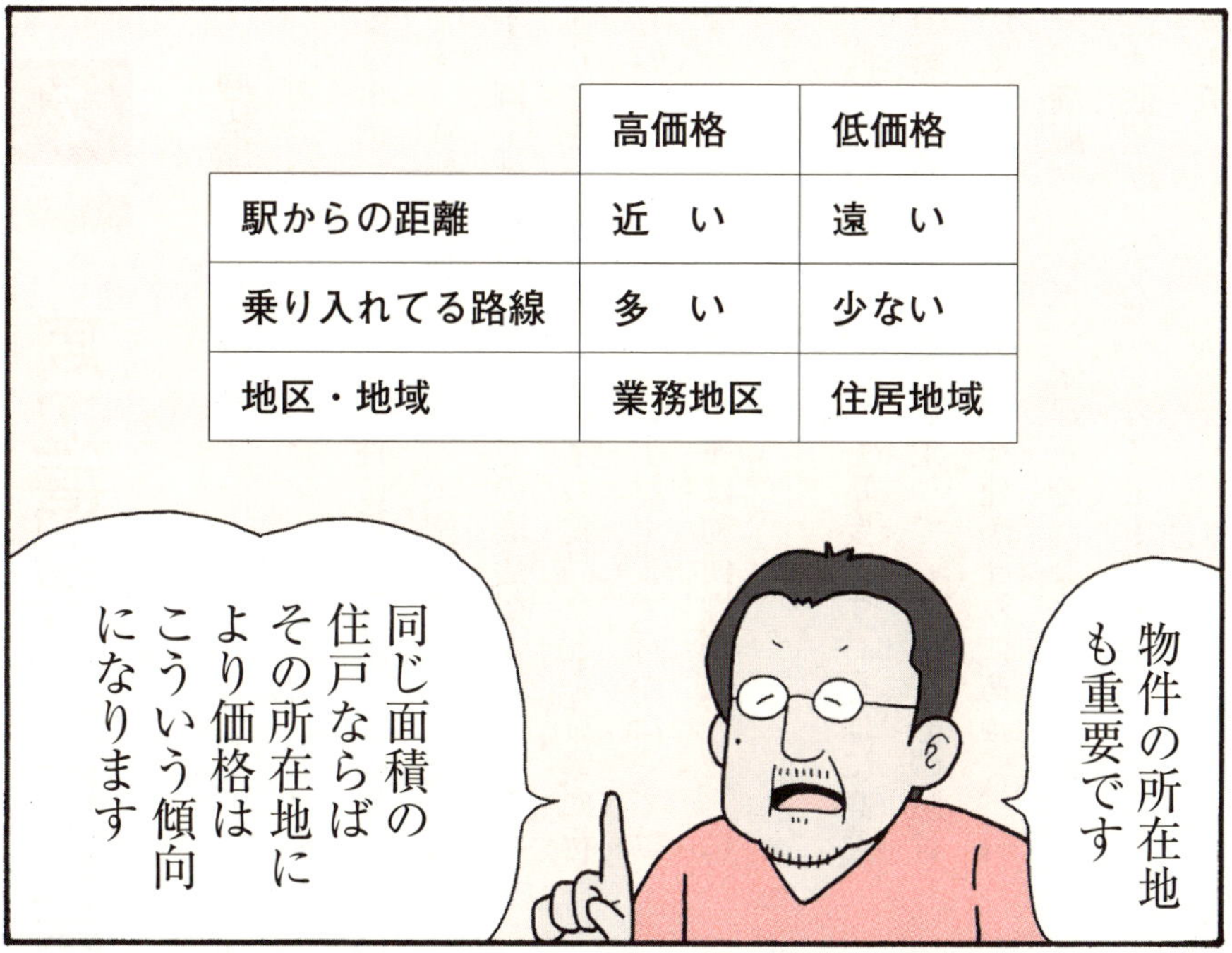

	高価格	低価格
駅からの距離	近　い	遠　い
乗り入れてる路線	多　い	少ない
地区・地域	業務地区	住居地域

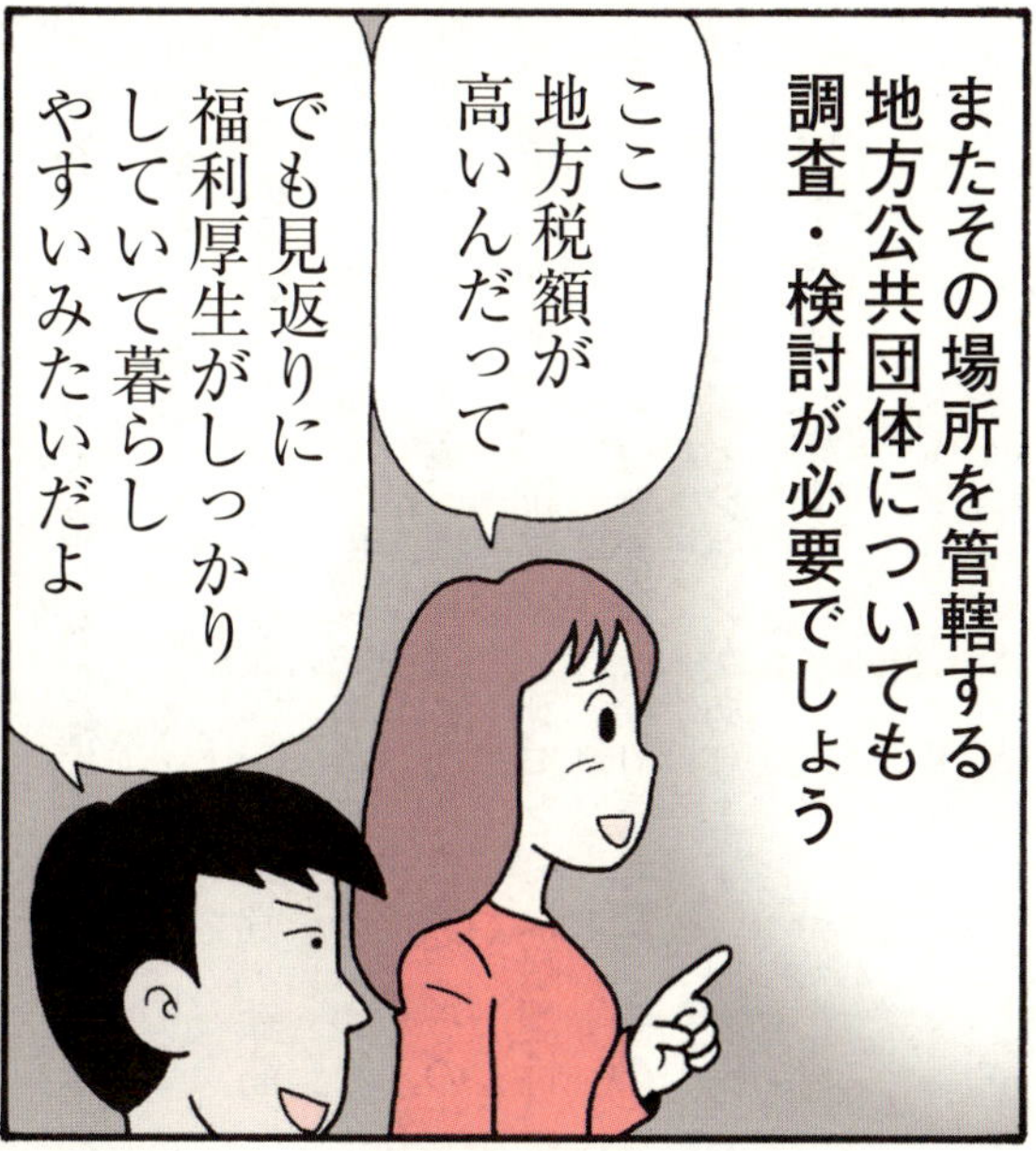

物件の所在地も重要です

ここ地方税額が高いんだって
でも見返りに福利厚生がしっかりしていて暮らしやすいみたいだよ

・地番
・住居表示
ちなみに所在地にはこの2とおりの表し方があります

7 周辺環境、利便性等／マンションの構造

(1) 周辺環境、利便性等

周辺環境や利便性は、マンションの選択では重要な事項です。その利便性に係わる選択肢は様々です。買物、通院、通学、公園、文化施設などです。例えば買物では、近くの商店街がシャッター通りになってしまい、日常の食品などを買いに行くのに、かなり離れたスーパーまで行かなくてはならなくなっているところは利便性が低いことになります。

直近の環境のチェックも重要です。そばに高速道路や幹線道路、鉄道が走っていれば、その騒音が気になります。また、空地が周りにあって、将来、高層マンションが建ちそうなところでは、日照や眺望が、少なくなることも考えなくてはなりません。

(2) マンションの構造

マンションの構造は、一般的に以下の3種類に限定されます。

① 鉄骨・鉄筋コンクリート造（SRC構造）
② 鉄筋コンクリート造（RC構造）
③ 鉄骨造（S構造）

規模の大きいマンションほど、①の鉄骨・鉄筋コンクリート造が多く、規模が小さくなるにつれて鉄筋コンクリート造、鉄骨造となります。そのほか、後述しますが、新築マンションでは耐震性能をうたったマンションが多くなりました。その一つに免震構造のマンションがあります。免震構造についても後述します。

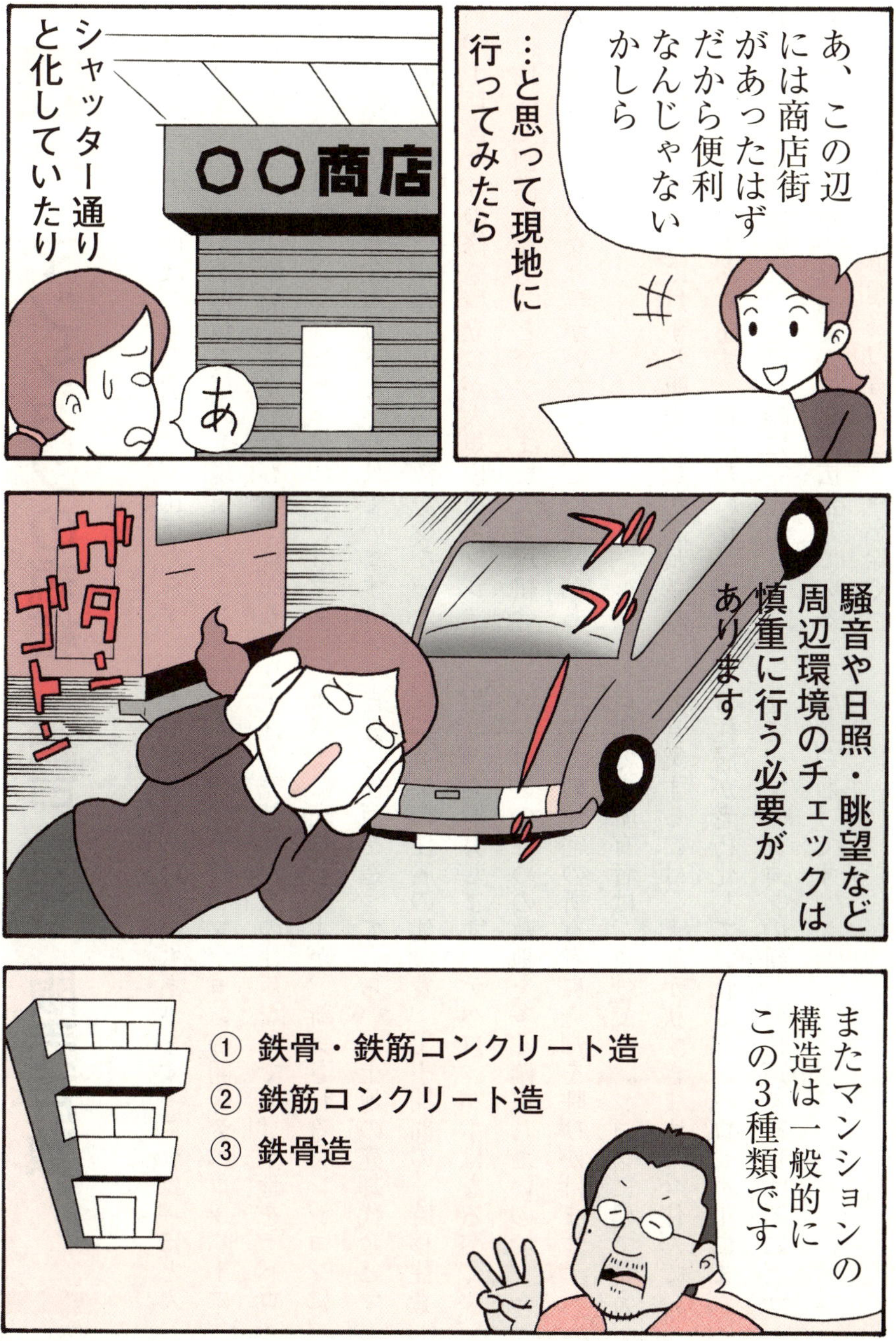
あ、この辺には商店街があったはずだから便利なんじゃないかしら
…と思って現地に行ってみたら
シャッター通りと化していたり
○○商店
あ
騒音や日照・眺望など周辺環境のチェックは慎重に行う必要があります
ガタンゴトン
またマンションの構造は一般的にこの3種類です
① 鉄骨・鉄筋コンクリート造
② 鉄筋コンクリート造
③ 鉄骨造

8

マンションの規模（総戸数）、販売戸数

マンションの規模は千差万別です。10戸たらずの小規模マンションから数百戸の大規模マンションまで様々です。法律的に決まったものではありませんが、小規模マンションといわれているマンションの戸数は概ね40戸以下といわれています。

小規模マンションで問題なのは、戸数が少ないため、1戸当たりの修繕積立金が大規模なマンションに比べて割高になることです。また、管理組合の組織も、役員のなり手がいないなどの問題があります。

そのほか、総戸数に対する販売戸数が記載されているマンションもあります。総戸数に比して販売戸数が少ない場合は、売出し時に完売できず、販売開始から日数が経ってから再度広告しているものです。また、「事業協力者の○○戸を除く」と記載されている例もあります。これは、ほとんどの場合、そのマンションの開発デベロッパーに土地を売却した人の住戸なのです。土地をデベロッパーに売却しますが、新築されるマンションに自分の住戸を造ってもらい、土地の売却代金とマンションの住居の建設費、工事期間の一時移住費用などを清算します。デベロッパーはなるべくマンションのための敷地を多く確保したいので、一戸建ての住宅の所有者に売却を呼びかけます。一戸建ての所有者は、自分でマンションに建て替えて営業するには、土地が狭すぎます。今住んでいる住居が老朽化していれば、デベロッパーにまかせて、マンションの新しい住戸を確保することができるわけです。

マンションの規模は千差万別です
小規模マンションといえるのは概ね40戸以下のものでしょう
へ～
じゃあ40階建てでも40戸以下なら小規模マンションなんですね？
スッ
ヒョロ～
い…いやそれは…
？？
江戸時代では…
おぅ!! べらんめぇ!!
小規模マンションの大家さん!! 店賃持ってきやしたぜ
長屋の大家さんといえよ……

9 土地および建物の権利

土地の権利は確認しておくべき重要な事項です。一般的に土地の所有は、専有面積割合による所有権の共有となっています。例えば、専有面積の合計が1万㎡で、Aさんの住居の専有面積が50㎡としますと、その比率は0・5％（50／1000 0）となります。敷地面積が3000㎡としますと、Aさんの土地所有面積は15㎡（3000×0・005）となります。しかし共有ですので、Aさんが勝手に、敷地の一部の15㎡を売却することはできません。土地の固定資産税はこれに基づき算定されます。

住居部分は区分所有権による専有部分です。建物の共用部分は専有面積割合による所有権の共有で、建物の固定資産税はこれに基づき算定されます。

気をつけなければならないのは、土地所有権がなく、借地権が設定されている場合です。この場合は、土地については別の所有者がおり、土地の所有者により恣意的に立ち退きを迫られる場合があります。したがって、このようなマンションの価格は土地所有権がないので低くなります。土地所有権があるマンションと同等程度の価格がついているのであれば、疑問を持たれたほうがよいでしょう。

ただし、多くの場合は一般定期借地権（地上権）といって、借地権の存続期間が明記されていて、それまでは立ち退きを迫られるということはありません。多くの場合はその存続期間が50年です。その意味で、準共有と書いてある物件広告もあります。この定期借地権の存続期間が満了した場合には、法律的には建物を解体し更地で返還することになっています。ただし一部では、建物はそのまま無償で土地所有者に譲渡するという運用も出始めました。また、借地なので毎月あるいは毎年地代を払わなければなりませんが、地代を含んだ売買価格を設定し、入居後の支払いをしないようにするケースもあります。

そのほかに、分譲後の権利形態が、敷地は共有、建物は区分所有ですが、次のような説明が記されている物件広告があります。

「本物件の販売対象敷地1375・09㎡中135・30㎡は、東京地下鉄株式会社の区分地上権が地下に設定されております。当該範囲に建物およびその他工作物などを構築または設定する場合は一定の制約があり、事前に東京地下鉄株式会社と協議していただくことになります」。

これは要するに、敷地の一部の地下に地下鉄が走っており、その上に新たに建造物を造ると地下にある地下鉄のトンネル部分に影響を与えるので、協議が必要ですという意味です。したがって、その部分には、建物が建っていないのです。もちろんマンションですから個別に住民の方が、そこに勝手になにかを建てるということはできませんが、建物が老朽化して、建替えを管理組合が決めた場合に、その部分を含めて新たに建物を建てることは難しいですよということを言っているのです。

10

用途地域・建ぺい率・容積率

一般的にマンションは住居で構成されていますから、都市計画上の用途地域では住居地域に建てられている場合が多いのですが、その他の用途地域でも建てられるので、例えば、商業地域にある場合もあります。普通、建ぺい率や容積率は住居地域と比べると商業地域のほうが高いので、商業地域に建てられたマンションは、周りが建てこんでいる場合が多いのです。

ところで、建ぺい率とは建蔽率とも書き、敷地面積に対して、どのくらいの建築面積を占める建物が建てられるかを比率で表したものです。例えば、建ぺい率が60％の場合は、敷地面積が１０００㎡だとすると、その60％の６００㎡まで敷地の上を建物で覆ってよいことを意味します。言い換えれば、敷地の40％の４００㎡は空地にしなければいけません。このときの６００㎡を建築床面積といいます。一方、容積率とは、敷地面積に対して、どのくらいの延床面積の建物が建てられるかを比率で示します。例えば、容積率が３００％であれば、先の例では、１０００㎡の3倍、３０００㎡までの延床面積の建物が建てられます。建ぺい率が60％なので限度いっぱいに建てるとすれば、建築面積は６００㎡であり、３０００㎡÷６００㎡＝5なので、5階建ての建物が建てられます。

物件広告で建ぺい率を記載しているもののなかには、建ぺい率については用途地域上の建ぺい率を記載して、建築基準法第53条第5項第1号により建ぺい率の緩和が行われていることを記載している場合があります。建築基準法第53条第5項第1号とは、建ぺい率の限度が10分の8とされている地域内で、かつ、防火地域内にある耐火建築物は建ぺい率が緩和されて10分の10、すなわち敷地いっぱいに建物を建てることができることを示しています。もちろん、このような地域にマンションを建てる事例はほとんどありません。というのも、窓を開ければ、隣の建物の壁が手の届くところにあるという住戸になってしまうからです。比較的前が空いているのは道路に面した側だけとなります。建築基準法上、居室は最低限の採光を必要としますので、きわめて限定された間取りとなります。

あまり一般の物件チラシには見られませんが、住居以外の用途に変更することを禁止しているマンションがあります。これは、そのマンションが住居専用地域などに建設されており、住居以外の用途にコンバージョン（転用）されると、都市計画法違反となるからです。マンションのなかには、住居以外に転用してしまった住戸が多いマンションがあります。多く見られるのは、事務所に転用したものです。事務所程度なら特に問題はないのですが、風俗営業店などに転用してしまったら、違反になります。もっとも、違反として摘発される以前に、周辺住民からクレームがつくことは間違いありません。念のため、都市計画の用途地域別にどのような用途の建物が建てられるかの一覧表がありますので、それでチェックしてください。

11 建築確認済番号（新築の場合）

新築の場合には、物件チラシに建築確認済番号が記載されています。これはマンションを買おうという人がより詳しい情報を知りたい場合に、地方公共団体の建築課に行き建築確認申請書類を見るためのものです。一般的に設計図書は公開されるようになっています。すでに昭和51年（1976年）の建設省（現在は国土交通省）の計画・住宅両局長からの通達によって、宅地建物取引業者に対してマンションの購入者に売買物件を引き渡した後速やかに設計図書をマンションの管理事務所で閲覧できるようにし、重要事項を説明する書面に、どこへ行けば閲覧できるかを記載するように、との指導がされています。

建築確認済番号を見ますと、「第ＢＣＪ建確○○○○○○号」や「第ＵＨＥＣ建確○○○○○○号」などと記載されています。ここでのＢＣＪとかＵＨＥＣとは、大臣や都道府県知事により指定された指定確認検査機関の略称です。建築確認申請審査業務は、従来は地方公共団体の仕事でしたが、規制緩和により民間への委譲が行われたのです。ちなみに先のＢＣＪは㈶日本建築センターでＵＨＥＣは㈱都市居住評価センターです。

姉歯事件を受けて、平成18年（２００６年）には建築基準法の改正が行われて、平成19年（２００７年）６月20日に施行されました。新たに構造計算の適合性判定を要する基準に当てはまる建築物では、構造計算の適合性判定が求められるようになりました（鉄筋コンクリート造は高さ20ｍ以上の建築物）。その業務も民間に委譲されており、それらは指定構造計算適合性判定機関で行われます。

このマンションの情報を詳しく知りたいんだけど…
はい
新築でしたら物件広告に建築確認済番号が記載されているはずです
その番号をチェックして地方公共団体の建築課に行くと
○○市役所
建築確認申請書類を見ることができますよ
建築確認済番号に記載されるアルファベットはこれらを意味しています
BCJ…㈶日本建築センター
UHEC…㈱都市居住評価センター

12 築年月／分譲主

(1) 築年月

マンションの築年月は、重要な記載事項です。当たり前ですが、どの程度古いマンションかわかります。特に重要なのは、昭和56年（１９８１年）の建築基準法の改正以前に建てられたマンションか、それ以後に建てられたマンションかの区別です。耐震改修とは、主に昭和56年以前に建てられた建築物を新耐震基準に合うように改修することです。もちろん昭和56年以前に建てられても、十分、新耐震基準をクリアしている立派な建築物もあります。そのためにまず耐震診断を行うことが求められます。国全体ではまず、学校や病院など公共建築物から耐震改修が進められています。マンションなどの集合住宅も、耐震改修を進めるように国は指導しています。耐震改修の促進を図る法律により、耐震改修を行うマンションについては建築基準法の緩和規定が適用されます。また、耐震改修を行うに当たっての耐震診断費用や耐震改修の工事費を、地方公共団体が補助しています。

(2) 分譲主

分譲主は様々です。小規模マンションであれば、一軒家を所有していた所有者が建替えを機会に、自分の住戸を含めてマンションにした場合、その土地所有者が分譲主です。最近は、不動産デベロッパーが分譲主の場合が多くなりました。不動産デベロッパーは、売却不動産を手広く探し、土地を買っていますので、そこにマンションを建てるのです。不動産を手放す所有者が隣接して、まとまってたくさんいれば、大きなマンションが建てられます。

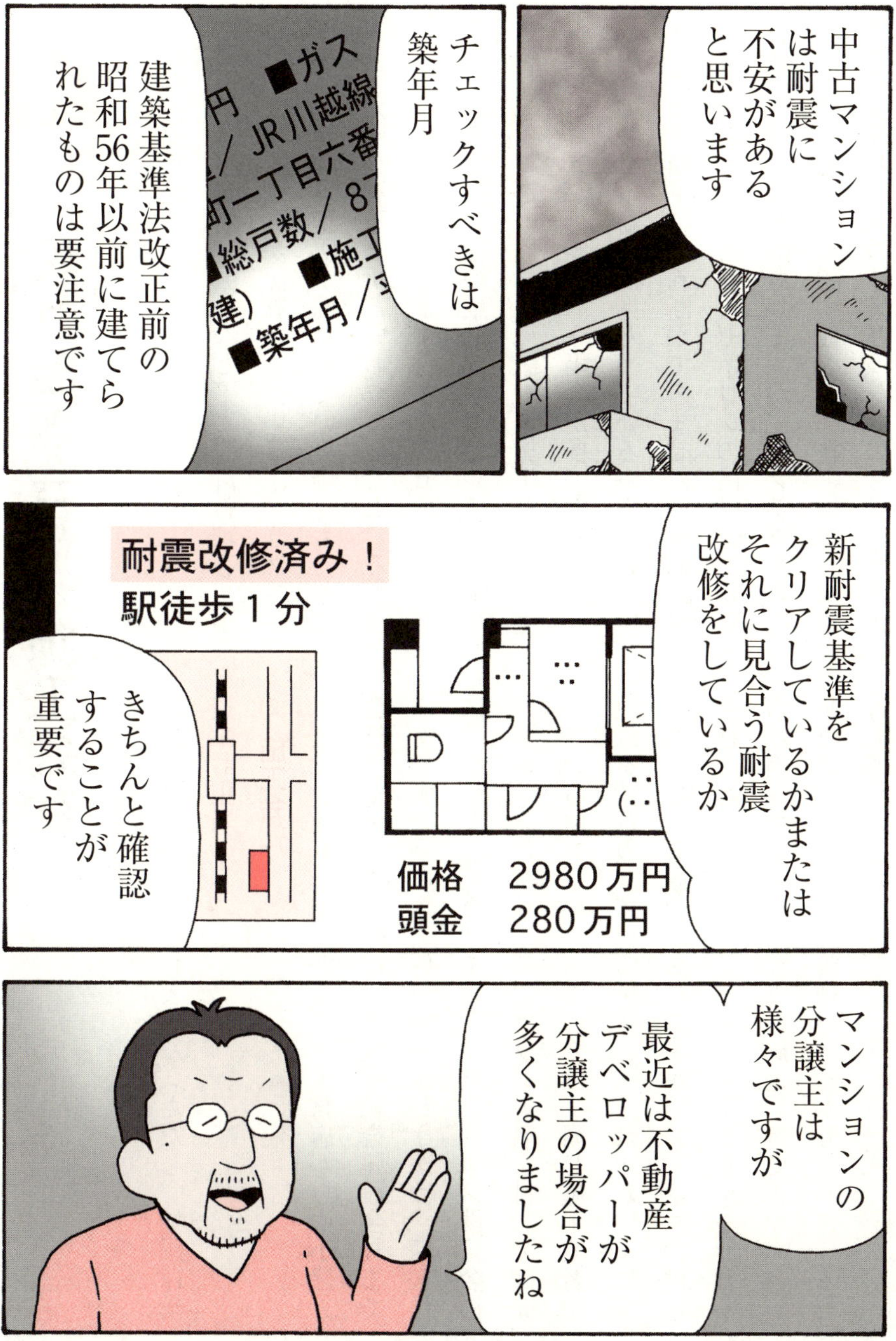
中古マンションは耐震に不安があると思います
チェックすべきは築年月
建築基準法改正前の昭和56年以前に建てられたものは要注意です
■築年月／
新耐震基準をクリアしているかまたはそれに見合う耐震改修をしているか
耐震改修済み！
駅徒歩１分
価格　2980万円
頭金　280万円
きちんと確認することが重要です
マンションの分譲主は様々ですが
最近は不動産デベロッパーが分譲主の場合が多くなりましたね

13 設計監理会社／施工会社

(1) 設計監理会社

設計者（事務所、会社など）と設計監理者（事務所、会社など）が記載されています。当然、名も知れぬ設計事務所が携わっている場合もありますし、大手設計事務所といわれているところが携わっている場合もあります。また、ゼネコンといわれる総合建設会社の設計部が携わっている場合もあります。この場合は、設計・施工といい、施工もゼネコンが行っている場合が多いのです。

どこの設計事務所が携わっているからよいということは、簡単には判断ができません。有名設計事務所だから安心とか、ゼネコンの設計部だから無難だということはありますが、マンションの内容を見て、自分で判断するのが一番よいでしょう。確かに設計者が例の姉歯だったら、ちょっと考えたほうがよいかもしれません（ただし、姉歯は構造設計担当のみ）。

(2) 施工会社

施工会社も千差万別です。工務店から中小建設会社、ゼネコンと呼ばれる大手総合建設会社まで様々です。手抜き工事があるかどうかは、素人目にはなかなか見抜けません。マンション供給会社のマンションシリーズでブランド名を付して販売しているマンションについては、同じ施工業者が建設を請け負っている場合と、それぞれ別々に請け負っている場合がありますが、マンション供給会社としては、ブランド・イメージが損なわれるのは困りますので、別々の施工業者でもマニュアルを徹底して、施工管理をしっかり行っていると考えてよいでしょう。

設計監理会社や
施工会社には
様々あり
一概にどこがいい
どこが安いという
ことは言えません
○○不動産
△△
設計事務所
××工務店
□□
総合建設
でも素人目で業者を
見抜くのは難しいです
う～ん…
まあ
ブランド名が付いている
マンションシリーズなら
業者が異なっても
施工管理をマニュアルで
徹底していると考えて
いいでしょうね
ブランド
イメージが
損なわれる
のは困り
ますからね
なるほど
ちなみに私
このバッグの
ブランド
イメージは
落ちました
けどね
…それ
ニセモノ
ボロ…

14 販売価格（ローンを組んだ場合の月々の想定支払額）

販売価格は重要な記載事項です。現金で一括払いする購買者はあまりいないので、販売価格以外に、ローンを組んだ場合の月々の支払い金額を明示している物件チラシが多いのです。いろいろな返済条件がありますが、記載されているのは、頭金も最低限、返済期間も長期といった設定が多くなります。

また、「フラット35」登録マンションの記載がある新築マンションがあります。「フラット35」とは、民間金融機関と住宅金融支援機構が提携した住宅ローンです。このローンの特徴は金利が変わらないことです。いわゆる固定金利で、返済計画が立てやすくなります。この記載のあるマンションは、事業者がマンション全体について、フラット35の技術基準の適合証明書を取得する予定で住宅金融支援機構に登録したマンションです。

さらに優良マンションの場合には、「フラット35S」というのがあります。別名、優良住宅取得支援制度といいます。これは、当初10年間の借入れ金利が、「フラット35」の金利より年0・3%低減されるという優遇措置ですが、平成23年12月30日までに申込みをした場合は1・0%に引き下げ幅を拡大するものです。例えば、金利が3・01%としますと、当初の10年間は3・01%－1・0%＝2・01%の金利となるのです。このローンを受けるには、そのマンションが左頁の性能評価基準のうち1つでも当てはまっていればよいのです。以前は2つ当てはまっていなければなりませんでしたが、条件が緩和されました。

ローンを組んだ場合の月々の支払い額を明示している物件チラシが多いですよね
そうですね
その例は主に頭金も最低限、返済期間も長期といった設定のものになります

「フラット35」登録マンションの記載があれば金利が固定で返済計画が立てやすくなります
フラット35
「フラット35s」であればさらに優遇されますが…

① 省エネルギー性：省エネルギー対策等級４の住宅
② 耐震性：耐震等級（構造躯体の倒壊等防止）２または３の住宅
③ バリアフリー性：高齢者等配慮対策等級３、４または５
④ 耐久性・可変性：劣化対策等級３、かつ維持管理対策等級２または３の住宅（共同住宅については、一定の更新対策が必要）

それを受けられるのはこのうちの1つでも当てはまる優良マンションである必要があります

15 管理費／修繕積立金／町内会費

(1) 管理費／月額

管理費も重要な記載事項です。管理費が高いほど、管理がしっかりしているというのが一般的ですが、高すぎる場合はなぜこんなに高いのかと疑問に思ったほうがよいでしょう。そして、その理由を仲介者に聞いたほうがよいでしょう。例えば、いろいろな料金（町内会費、セキュリティ費、インターネット費、光通信設備保守料など）が一括して含まれている場合があります。

(2) 修繕積立金／月額

修繕積立金が少ない場合には、大規模修繕時などに一時金の支出を要求されるか、途中で値上げが行われる可能性が高いと考えましょう。したがって、修繕積立金が安いからといって、マンション購買の選択肢の優先順位の上位に挙げるというのは考えものです。

(3) 町内会費／月額

町内会は、マンションの住人すべてから町内会費を納めてもらいたい希望がありますが、町内会の役員が各住戸から直接徴収するのは難しいため、マンションの管理組合に徴収を代行するよう要請してきました。この要請にこたえるとすると、各住戸から管理組合が別途町内会費を徴収しなくてはなりません。しかし面倒なので管理費でまかなうマンションが多いのです。このようなことにかんがみ、新築マンションでは、町内会費の徴収を明示している物件が多いのです。

ローンのほかにかかる費用を考えてみましょう
まずはこれとこれ
管理費（月額）
修繕積立金（月額）
これらの額が少ないからといってそのことをマンション購入時の優先順位として上位に挙げることは考えものです
高すぎる場合も要確認か
そしてこれ
町内会費（月額）
町内会役員の労を軽くするために管理費でまかなうマンションが多いようですよ
あそこはいつも留守だしこっちはお金がないからまた来いっていうし…
ぶつぶつ

16

駐車場の有無と空きの有無、駐車場料金／月額

新築マンションでは、駐車場の駐車可能台数が表記されており、総戸数と同じであれば各戸で1台は置けます。近年の新築マンションは、1世帯に1台は当たり前ということで、機械式駐車場など で、住戸数に近い数の駐車場を設けているマンションも見受けられます。ここで注意が必要なのは、平置き駐車場に比べ、機械式駐車場はそのメンテナンスに費用がかかり駐車料金がどうしても高くなることです。また機械式駐車場は金属製なのでさびが生じ、定期的に補修が必要となります。この費用が結構高く、補修をあきらめたマンションもあります。駐車可能台数の内数として、事業協力者がいるマンションでは、その駐車場が何台との記載があります。例えば、事業協力者が5人ですが、事業協力者用の駐車場は2台しか確保していないのは、他の3人が高齢化しており自動車を所有しない、あるいは自動車免許を持っていないので、駐車場を必要としない場合です。そのほか、外来者用の駐車場が何台、身体障害者用の駐車場が何台などの記載もあります。

中古マンションでは、まず駐車場の空きがあるかどうかを記載して、空きがある場合には、駐車場料金が記載されています。古いマンションほど住戸数に比して駐車場の台数が少なく、住人は空きを待つ場合が多いようです。ただ、居住者の高齢化により、運転するのをやめたり、最近の燃料費の高騰で車を手放す人が出ており、駐車場が空いているのが常態というマンションもあります。

中古マンションで駐車場に空きがある場合にはその料金が記載されています
○○線／駅歩２分
猪鹿町
3280万円
管 1万500円／月
駐 2万円／月
修 9000円／月
リフォーム済
平置きに比べて台数をかせげる機械式駐車場を設けるマンションもありますが
メンテナンスに費用がかかってしまいます
結局その分駐車料金が高くなるわけか…
そうですね
かくなるうえは平置きをやめて縦置きにするってのはどう？
台数かせげるし
ど…どうやって…？

17 駐輪場料金の徴収の有無、料金／その他

(1) 駐輪場料金の徴収の有無、料金／月額

駐輪場の有無が記載されている物件チラシはあまり多くありません。たいていのマンションには駐輪場があるようですが、きっちり管理しているマンションは少ないようです。駐輪場があっても料金は徴収していないマンションも多いようです。ただし、2段ラック式などの機械を整備しているマンションでは料金を徴収しています。

(2) バイクやミニバイク置場の有無、料金／月額

バイクやミニバイク置場を設置しているマンションは少ないようですが、最近の新築マンションでは、用意するケースが増えてきています。

(3) 現況（空き住戸、居住）

中古マンションの場合、売りに出ている住戸が現在、空き住戸なのか、まだ居住しているのかという記載です。まだ居住しているのであれば、リフォームが行われていないのが一般的です。マンション居住者が住み替えで住戸を売りに出す場合には、居住者がリフォームを行って売りに出す場合と、マンション販売業者にリフォームせずに売り、業者がリフォームして売り出す場合がありま す。もし、中古マンションを購入して、自分の思いどおりにリフォームしたい場合は、リフォームしていない物件を購入すればよいのです。しかし、実際は高く売りたいため、ほとんどの物件がリフォーム済みです。

駐輪場やバイク置場が有料か無料かも確認しておきましょう
2段ラック式なんかだと有料だったりしますよね
また中古マンションの場合は、すでに空き住戸なのか、まだ居住しているのかという記載にも注意しましょう
違いはあるんですか?
居住の場合はリフォームを行っていないのが普通です
じゃあ思いどおりにリフォームしたい人にはいいですね
はい…もっともほとんどの物件はリフォーム済として売り出されますけどね
どうしても高く売りたいのか…

18 管理準備金／その他

(1) 管理準備金（新築の場合）

管理準備金とは、入居時に1回だけ支払う費用です。新築時のマンションの入居時には、管理組合には一切の資金がない状態のため、管理に必要な費用が支払えません。そのため、必要最低限の費用をプールしておくために集めるのです。

(2) 修繕積立基金または修繕積立一時金（新築の場合）

修繕積立基金とは、入居時に1回だけ支払う費用です。新築マンションでも簡単な修繕が必要となる場合があるのですが、新築時のマンションの入居時には管理組合には一切の資金がない状態のため、その費用を支払えません。そのため、必要最低限の費用をプールしておくために集めるのです。

(3) マンションセキュリティ代（新築の場合）

マンションのセキュリティは格段に進歩しており、そのための機器が設置されています。また、警備会社と契約して、24時間体制でセキュリティを確保しているマンションが多くなりました。当然のことながら、それらの機器を稼働するための電気代や定期点検代などの費用や警備会社への支払いがあり、それを別個徴収するものです。

新築の場合これらの費用もかかります
・管理準備金
・修繕積立基金
（または修繕積立一時金）
つまりスタート時にはなにも資金がないから
イザというときのために最低限の費用をプールしておくんですね
そういうことです
だから入居時に一回支払うだけでいいものなんですね
また新築マンションのセキュリティは格段に進歩しているので
それにかかる費用の支払いも必要となる場合が多いでしょう

19 インターネット利用料／光通信設備保守料

(1) インターネット利用料（接続料）

いまや、インターネットやメールの普及は全世帯に及んでいるといっても過言ではないでしょう。ビジネスマンは、出張にパソコンを持っていき、出張先でインターネットやメールを送受信しています。ホテルの各部屋には、インターネットの接続端子が当たり前に設備されるようになりました。そのような時代背景を受けて、新しいマンションでは、各戸にインターネットに接続が可能な端子を設けています。その設備の維持管理のための利用料を別個徴収するものです。その設備は電話回線を使ったものや、後述する光通信設備によるものなどがあります。

(2) 光通信設備保守料

光通信とは、伝送媒体に光ファイバーを利用し、光ファイバーを束ねた光ケーブルにより有線通信を行うことです。そのメリットは容量が大きいことと高速かつ長距離の伝送が可能であり、電磁誘導ノイズの影響を受けず、伝送損失が非常に少なく安定していることです。新築マンションなどでは最初から光通信設備を装備しているところもあり、その場合は、各戸がその光通信設備の会社に利用料を払いますが、設備の保守料は管理組合が支払うことになり、それを別立てで請求しているものです。

新しいマンションでインターネット接続端子が設けられている場合
カタカタ
その設備の維持管理のための費用を別個徴収するものや
光通信設備を備えている場合
その保守料を管理組合に納める必要もあるでしょう
便利に安全に暮らせるようにするための費用は
それが多岐にわたっても文句を言わずに出さなくちゃね〜
まだもう少しありますよ
え〜まだあんの〜？
文句

20

共聴施設使用料／その他

(1) 共聴施設使用料

マンションの屋上にテレビを視聴するためのアンテナ、ブースター、分配器を設けて、各戸に配線する施設をいいます。その使用料を別個徴収するものです。

(2) ガス等遠隔操作利用料

ＩＴ技術の発展により携帯電話やパソコンから、住戸内の機器を遠隔操作でオン・オフできるようになりました。例えば、ガス遠隔操作であれば、帰宅途中にガス風呂を点火して、帰宅したらすぐにお風呂に入ることができます。風呂だけでなくエアコンや床暖房、照明、電気錠など多様な機器を遠隔操作で作動させたり、止めたりすることができます。照明であれば、旅行で留守のときに、夜間に点灯して、あたかも誰かいるように見せかけることもできます。また、玄関の鍵（電気錠の場合）を閉めたかどうか不安な場合でもチェックすることができます。このような遠隔操作を行うためには、それぞれの機器に装置がなければならず、それらが整備されていることが記載されています。当然、料金がかかり、それを別個徴収することが記載されています。

(3) 引渡し日

すでに前所有者が引っ越していればすぐ引渡しが可能ですが、もちろん、売買契約や登記を済ませてからということになります。

ふあ〜やっと仕事が終わった〜
あそうだ
ピッピッ
あら山本さん仕事が終わった直後に誰にメールしてるんですか？
いや帰ったらすぐフロがわいてるようにね…
へ〜
…あれ山本さんってひとり暮らしじゃなかったっけ…？？
えへへガス風呂の遠隔操作だよ〜ん
このようにガスや電気様々な機器を遠隔操作できるマンションでは当然それにも料金がかかってきます
そのほかにもテレビを見るための共聴施設使用料が必要になる場合もあるんですね
はいそうですね

21 本体設備や共用施設／管理形態

(1) 本体設備や共用施設

中低層のマンション（5階以下）では、エレベータの有無が記載されています。新しいマンションでは中低層でもほとんどがエレベータを付けていますが、古いマンションの場合にエレベータがない場合があります。なお低層とは3階以下、中層とは5階建て程度のことをいいます。

共用施設としては、ロビーや管理人室、集会室などが一般的ですが、最近は宅配ボックスや貸し倉庫（トランク・ルーム）、来客用の応接室や宿泊施設まであるマンションもあります。各住戸で来客があった場合、自宅では狭すぎるので、共用施設の応接室を借りたり、お客が泊まる場合には宿泊室を借りたりするのです。

(2) 管理形態

管理は、区分所有者でつくる管理組合が、管理会社に日常の管理業務を委託するのが一般的です。管理会社は管理人を置きますが、その勤務形態はいろいろあります。毎日、所定の勤務時間に通勤して管理を行う場合は「日勤」、管理人の住居を確保しているマンションであれば「住み込み」という記載になります。最近は、住み込みの管理人体制は、管理人のなり手がいないため少なくなりました。住人側からすると管理人のいない夜間に何かあったときに困るとの声も聞きます。しかし、管理会社のほうは、24時間体制の管理センターを設けているので、すぐに対応できるとしています。

12345678
5階建て以下の古い中低層マンションの場合エレベータがないことがあります
ふうふう
将来のことも考えると本体設備のチェックも重要ですね
また共用施設としては管理人室やロビー・集会所が一般的ですが
宅配ボックスや宿泊施設まであるマンションもあります
宿泊室かあ…
私はもうダンナがいるから関係ないな～
え？
あ…いやダンナにかくれてってのもありかな
フフフ 簡単に行き来できるし…
……なに考えてるんですか…

22 管理会社／ピアノ等楽器の演奏の可否

(1) 管理会社

日常の管理を受託している管理会社は、たくさんあります。したがって、管理会社の名称が記載されていても、あまりピンときません。ただ、マンションの良しあしは管理会社で決まるともいわれており、管理会社の良しあしが重要な判断の材料となります。経済誌などで、たまにマンション管理会社のランキングなどが発表されていますので、それらを参考にすることも必要でしょう。

管理会社は管理組合が決めてよいのですが、新築のマンションでは最初から管理会社が決まっているのが普通です。主に分譲主と関連のある会社がほとんどです。したがって、管理組合が管理会社に支払う管理費用の妥当性をチェックする必要があります。ただし、近年は管理会社の競争も激しくなり、市場からみて高すぎる委託管理費用の場合は、管理会社を替える管理組合が多くなりました。

(2) ピアノ等楽器の演奏の可否

最近のマンションの壁や床のコンクリートは厚くなっており、遮音性能が向上しています。しかし、隣室の楽器の演奏が全く聞こえなくなるというわけではありません。したがって、楽器の演奏が許されるのは管理規約に基づくものです。楽器の演奏を認めているマンションでも、後述するように時間帯を限っており、夜間での演奏は禁止というところが多いようです。

管理は一般的に管理組合が管理会社に業務委託をします
組合が会社を決めていいんですか？
そうなんですが新築だと最初から決まってるのが普通です
ですから組合は管理会社に支払う費用が妥当かどうかチェックする必要がありますね
じ〜
管理会社
お…
ドキ
こ…このマンションこわい…
住人の目が光ってるだけじゃなくて…
目から矢印が出てる
記号だよ!!
どっ
ぶる

23 ペット飼育の可否

古いマンションほど、ペットの飼育を認めないところが多いようです。最近は孤独な人が増えたのでしょうか、人間よりペットのほうが好きだという人が増加しています。ペットは、子供の情操教育によいという学説もあり、ペットを飼う人が増加しています。昔では考えられないほど、今ではペットの病院（昔は獣医といいました）が多いことをみても、その増加の程度がうかがえます。また、ペット関係の食料品（昔は餌といってましたが）や衣類などを売る店（ペットショップ）、はてはペットの美容院（トリートメントショップ）まであります。

かつてマンションでは、犬の鳴き声や、し尿、毛の飛散がペットを飼育しない住民に嫌がられることから、ペットの飼育を禁止しているマンションが多かったのです。しかし、昨今は、しつけ（ペットのしつけではなく、飼い主のしつけ）が良くなったせいか、ペット飼育を許容するマンションが増えました。今ではペット嫌いの人のほうが、マンションを選ぶ基準にペット飼育の可否をチェックするようになりました。

ペット飼育を許容しているマンションでも、なんでもオーケーというわけではありません。管理規約に、飼うことのできるペットの種類や大きさなどが明示されています。例えば巨大なワニを飼うことは、規則上だけでなく、実際上不可能と思われます。また、明示されていなくても絶滅危惧種を飼うことも、一般常識からいって駄目でしょう。

かつてはペットを飼えないマンションが多かったので…
ペットを飼えるマンションを探しているんですが…
今はペットを飼えるマンションも増えたので…
ペット禁止のマンションを探しているんですが…
私はペットを飼いたくて夫は飼いたくない場合はどうしたらいいですかね
マンション選びの前にやることがあるでしょう
ああ夫のしつけですね!?
は…話し合いでしょ…

24 事務所使用の可否／リフォームの有無と内容

(1) 事務所使用の可否

先に述べたように、住居以外の用途の利用を禁止しているマンションがあります。記載がない場合でも、新築マンションでは最初から事務所使用を認めることはないようです。中古のマンションでは事務所使用も可能というマンションは、多くあります。そのようなマンションでは、すでに多くの住戸が事務所として使われています。用途地域上、事務所の用途制限があるのは、第1種低層住居専用地域、第2種低層住居専用地域、第1種中高層住居専用地域です。面積上の制限があるのが、第1種中高層住居専用地域と第1種住居地域です。

(2) リフォームの有無と内容

リフォームの有無は、中古マンションの場合のみの記載事項です。リフォーム有りの場合は、価格にリフォーム費用が上乗せされています。前の所有者がリフォームしてから売りに出すことはあまりないようで、業者が買い取って、リフォームして売り出す場合が多いようです。前の所有者が不動産業者に販売の仲介を頼む場合は、リフォームがされていない例が多いようです。もちろん、売主の思惑もあり、みすぼらしいものは買いたたかれるのではと、一応リフォームしてから売り出す場合もあります。リフォームの有無の良しあしは一概にはいえません。先に述べたように、買主が自分の思いどおりのリフォームをしたい場合もあるからです。

事務所として使えるマンションを探しているんですけど
そうですね〜
新築ですと最初から事務所使用を認めることはないようですが…
201
××事務所
202
㈲△△商
101
○○○会社
102
㈱○○不動産
中古ならば事務所使用可能のマンションも多くありますよ
そのようなマンションではすでに多くの住戸が事務所として使われていますから
なるほど…で、どんな事務所を立ち上げたらいいですかねえ
なんかもうかることない？
マ…マンション選びの前にやることがあるでしょう
こんな人ばっかりだな…

25 物件チラシの有効期限

広告有効期限が記載されているのは、日々、マンション市場での価格が変動しているからです。バブル経済の時代には、地価の高騰とともに、すごい勢いでマンションの価格が上昇しました。最近では、米国のサブプライム問題をきっかけに金融不安が始まり、マンションの売れ行きが落ち、価格が変動しています。そのため、概ね3か月をめどに有効期限を定めています。マンション販売業者にとっては、新築マンションの契約率が重要な指標となっていますので、それが70%を下回るようですと、販売促進のために価格を下げるのです。

3か月前に買ったマンションが、今月新聞に入っていた物件チラシによると、500万円も値下がりしていたケースなどは、消費者にとってはたまったものではありませんが、それほど変動が激しいことを意味しています。まるで、洋服を定価で買うのと、少し待ってバーゲンセールで買うのと同じような商取引が行われているのです。ただ、業者も先に買ったオーナーから文句が出るのを防ぐため、一度、他の業者に売りつけた形にします。すると一応、中古マンションとなり、価格を下げることができます。このような専門の買い取り業者が存在します。中古ということになりますが、誰も住んだことのない住戸なので、値下げした後から買った人はラッキーの一言です。一方、先に買ってしまった人は悔やむしかありません。

3か月前にウチが買った時より500万円も安く同じマンションが売りに出てるのはどういうことよ⁉
2500万円
駅歩 2分
い…いえ そのマンションはすでに当社の手を離れておりまして……
買い取った業者が中古で出したものですのでどうするわけにも…
そ…そんな〜 中古っていっても誰も住んだことないじゃないのよ〜
ショック…
これはもう先に買った人は悔やむしかありませんが…
このようにマンション価格は変動が激しいので
広告には概ね3カ月の有効期限を定めて記載されています

26 取引形態（態様）（専任媒介、仲介など）

マンションの住戸の売買は、一般的に宅建業者が間に入って行われます。「宅建業者」とは宅地建物取引業者のことで、それを略して宅建業者といっています。街に多く見られる不動産屋のことです。宅建業者には国家資格である宅地建物取引主任者の資格を持った人が必要です。

宅建業者の取引形態（態様）には、大きく分けて、以下の3つがあります。

① 宅建業者が売買、あるいは交換の当事者となる場合
② 売買、交換、貸借の代理人となる場合
③ 売買、交換、貸借の媒介（仲介）をする場合

さらに③の媒介（仲介）には、一般媒介、専任媒介、専属専任媒介の3つの種類があります。取引形態によって宅建業者がどのように取引に関与するかが異なります。

①は宅建業者自身が不動産売買契約の当事者になる場合で、売主のときは買主は売買手数料（媒介報酬）を宅建業者に払う必要はありません。そして、宅建業者が売主で買主が宅建業者ではない一般の人の場合は多くの規制があります。なぜ規制があるかというと、宅建業者と一般の人の間には売買契約についてのノウハウに差があるからです。したがって、一般人の犠牲のもとに宅建業者が自らの利益を優先する可能性があるからです。

③の媒介と②の代理の違いは、媒介の場合は宅建業者が間をとりもち、売主・買主間の不動産の売買の契約の成立に向けて尽力する行為をいい、売買契約を締結するのは売主や買主自身です。一

方、代理の場合は、代理人に対して契約を締結する権限が与えられ、代理人（宅建業者）は委託者（売主、買主）に代わりに契約を締結することができます。すなわち、委託者は特定の宅建業者を代理人にしますので、他の宅建業者に依頼することはありません。当然のことながら、代理人の場合の報酬（媒介報酬）は、媒介の報酬（媒介報酬）より高くなります。

③の媒介のうち、専任媒介契約は、依頼者が他の宅建業者に重ねて媒介や代理を依頼することを禁じるものです。一般的に依頼者は自ら発見した相手と直接契約することができ、宅建業者の媒介なしで取引を行うことができますが、専任媒介契約を宅建業者と行っていた場合には、その履行までの費用を請求される場合があります。

専属専任媒介契約の場合は、専任媒介契約と同様に依頼者が他の宅建業者に重ねて媒介や代理を依頼することを禁じるものです。また依頼者は自ら発見した相手と、直接契約することができず、かならず宅建業者が媒介しなければなりません。

簡単に言いますと、依頼者が売買手数料（媒介報酬）を宅建業者に払うか払わないかの違いです。

一般媒介契約は、依頼者は複数の宅建業者に媒介を依頼することができますが、宅建業者としては、他の業者が成約させてしまう可能性もあるので、買主を積極的に見つける努力が専属や専任に比べておろそかになる可能性があります。

27 バリアフリーの有無

バリアフリーに関する法律としては、平成18年（2006年）12月20日に施行されたバリアフリー新法があります。正式名称は「高齢者、障害者等の移動等の円滑化の促進に関する法律」です。それ以前にあった「高齢者、身体障害者等が円滑に利用できる特定建築物の建築の促進に関する法律（旧ハートビル法）」は、バリアフリー新法の施行に伴い、同じ日に廃止されています。同法では、特別特定建築物については基準に適合することが求められていますが、マンションのような共同住宅は特定建築物で、基準に適合するように努力することが求められており、特に義務とはなっていません。また既設建築物についても基準に適合するように努力することが求められています。

マンションでの物理的なバリアフリーとしては、車椅子のための段差の解消や車椅子に対応してエレベータ、手すりの設置、車椅子所有者用駐車場の整備があります。

義務でないせいもあるのでしょうか、新築マンションでバリアフリーを行っていることを記載しているものは少ないのです。ただ、階段室や廊下などに後から手すりをつけられるように、手すり用下地（手すりを取り付けるときのねじなどを受ける板）を設けている新築マンションがあります。中古マンションであれば、リフォームでバリアフリーにしたことをアピールするものと思われますが、あまり見たことがありません。

俗にバリアフリー新法といわれる法律が平成18年12月20日に施行されました
正式名称『高齢者、障害者等の移動等の円滑化の促進に関する法律』
ただマンションについてはその基準に適合するように「努力」することが求められているだけで
義務
マンション
特に義務とはなっていないのです
そのせいか新築マンションでバリアフリーをうたっているものは少ないんです
ただ後々対応できるように階段室や廊下に手すり用下地を設けているところはあります

28 オーナー・チェンジ／その他

(1) オーナー・チェンジ

オーナー・チェンジとは、家賃収入を目的としたマンションで、その所有者が手放すので売りに出ているという意味です。オーナーとはownerで「所有者」の意味で、チェンジとはchangeで「替わる」という意味です。すなわちオーナー・チェンジとは、所有者が替わるという意味です。いわば投資型のマンションです。どの程度の家賃収入があるかが記載されています。

(2) 将来の陽当たり、通風に対しての非保証

留保要件として、以下のような記載がある場合があります。

「陽当たり、通風についての説明は平成○○年○月現在のものです。将来にわたって保証するものではありません。」

当然のことですが、隣接した敷地に現在は平屋か2階建ての住宅が建っていても、いつ建替えで中高層マンションになるかわかりません。特に古い家屋が建っていれば、建替えの可能性が高いのです。一応、建築基準法上の日影規制は守られても、現状より陽当たりが悪くなる住戸が出てきます。また目の前にビルが建てば、陽当たり以外にも、通風や眺望が妨げられます。記述の内容は、そのことを言っています。住宅地でマンション建設やビル建設反対の旗が立っている地区がよくありますが、これは隣接地に新たに中高層のマンションが建てられることへの周辺住民の反対運動です。

ベランダで日光浴するのが好きだったのに
いつの間にか隣に大きなビルが建って…
ガーン
日陰!?
これってどうなんですかね!?
プンプン
う〜ん
広告には留保要件としてこのような記載がありましたから
陽当たり通風についての説明は平成○○年○月現在のもので将来にわたって保証するものではありません
そうなる可能性もあると思わなければいけなかったんですね

第3章　問題となる未記載事項

1 耐震診断／ペット飼育

先に新聞折込みなどのマンションの物件チラシでの記載事項を示しましたが、その中にはほとんどの物件広告に記載されている事項と、物件チラシのうちわずかなものにしか記載されていない事項があります。あまり記載されていない事項を以下に示します。

⑴ 耐震診断、耐震改修の有無

昭和56年（1981年）以前に建ったマンションは耐震診断を行い、その結果により耐震改修を行わなければなりませんが、耐震改修済みかどうかの記載がほとんどありません。

昭和56年以前に竣工したマンションで耐震改修を行ったことを表示している物件は少ないのです。大規模修繕を行ったと記載されているマンションはありますが、耐震改修を行ったかどうかは不明のものが多いようです。

⑵ ペット飼育の可否

先に述べたように、最近はペットを飼う人が増えて、ペットの飼育が可能なことをうたっている物件もあります。「ペット（に関しては）相談」というあいまいな表現を付している物件もあります。それも「管理規約有り」とあるので、管理規約上はペットの飼育は管理組合との相談となっているのでしょうか。管理組合の規約がどうなっているのかは、物件チラシだけでは不明ですので、管理組合の規約を調べる必要があります。

この章では物件チラシにあまり記載されていない事項で
問題となりそうなものを考えてみましょう
まず…
・耐震診断
耐震改修の有無
・ペット飼育の可否
「大規模修繕」を行ったとの記載があったとしても耐震改修も含まれているかは不明なので要注意
大規模修繕済み
またペットに関して…
「ペット相談・管理規約有り」という場合は広告だけでは不明ですので管理規約を調べる必要があります
広告
規約

2 楽器演奏の可否／その他

(1) 楽器演奏の可否

「ピアノ等、楽器演奏可能」として、その時間帯（10：00～20：00まで）が記載されている物件もあります。おそらく管理組合の管理規約に明示されていると思われます。

(2) 床下のリフォームの内容

リフォーム済みでフローリング貼り替えをうたっている物件が多いのですが、設備配管を床下に付け替えたとする記載のある物件は多くありません。先に述べたように、中古マンションの多くは下の階の住戸の天井裏に上の階の住戸の配水管などが走っており、漏水などがあったときには下階の居住者に迷惑をかけます。

(3) メゾネットタイプについて

メゾネットタイプの住戸とは、上階住戸とその下階住戸が一体の住戸となっており、住戸内の階段で行き来できる構成のものです。屋上部分がメゾネットに構成されている場合は、屋上住戸部分のほかにルーフ・バルコニーがあり、ルーフ・バルコニーの使用料を払う必要があるとあります。

中古のマンションでは、最初からメゾネットだったのか、後からメゾネットになったのかわからない物件があります。後からメゾネットにする場合は、共用部分である床に穴を開けることになり、「建物の区分所有等に関する法律」第17条の「共用部分の変更」に当たりますので、所定の区分所有者数による決議が必要です。もちろん、床は構造体ですので穴を開けても構造耐力の低下をもたらさないことが前提条件となります。

・楽器演奏の可否
・床下リフォームの内容
・メゾネットタイプについて
メゾネットタイプって何ですか？
上階と下階の住戸が一体となっている…つまり2階建て住戸ですね
中古の場合いつからメゾネットなのか広告からはわからないことがあります
住戸A
住戸B
住戸C（メゾネット）
上階
下階
初めから？後から？
ちなみに後からメゾネットにする場合は所定の区分所有者数による決議が必要ですよ
その住戸の持ち主だからって勝手に変えることはできないんですね

3 2戸1化住戸／駐車場の有無

(1) 2戸1化住戸

中古マンションで比較的広い住戸では、最初から広かったのか、2戸が1つになったのかわからない物件があります。空き住戸となった隣の住戸を買って、住戸間の壁に扉を設けた場合です。共用廊下への出入口が2つある場合には、後から2戸1化したことが疑われます。もちろん片方の出入口を封鎖してしまう場合もあります。それを確認する方法として、階上か階下の住戸がどうなっているのかを調べるとわかります。多くのマンションは住戸構成が上下方向では同じ場合が多いのです。上下で違っていれば、後で2戸1化したと考えられます。

(2) 駐車場の有無

駐車場の有無の記載がない物件が比較的多いのです。駐車場が有ることが記載されていても、空きがあるかどうか未記載の物件チラシも多いようです。古いマンションほど、住戸数に比して駐車場数が少なかったのです。最近の新築マンションでは、住戸数に合わせて駐車場を作っています。駐車場にするための敷地が不足するマンションでは、立体式の機械式駐車場を設けています。この機械式駐車場は、先に述べたように、後から維持管理で問題になる場合が少なくありません。さらに近年は、車を持たない世帯も増えており、駐車場が空いているマンションも見られるようになりました。

・2戸1化住戸
・駐車場の有無
中古マンションで比較的広い住戸では最初から広かったのか後から広くしたのかわからない物件があります
つまりもともとは2戸だったものをつなげて1戸にしたものですね？
共用廊下への出入口が2つあれば2戸1化したことが疑われます
?
ただ片方を封鎖してしまう場合もあるので…
それを確認するには上か下の階の住戸と比べるとわかります
上階
住戸A
住戸B
下階
住戸C
(2戸1化)
?
上下で違っていれば後から広くしたと考えられるんですね

4 土地所有権の有無／その他

(1) 土地所有権の有無の記載

土地所有権の有無の記載がない物件もあります（物件チラシのような限られたスペースの広告の場合は、省略しているのかもしれませんが、重要な記載事項なので、記載がなければ公正競争規約違反になる場合もあります）。この場合は借地権の場合が多く、一般的には住戸の価格は所有権が設定されている住戸より安いはずです。

(2) 管理方式

管理方式に関しては、居住者による管理組合が日常の管理を管理会社に委託する場合が多いのですが、その記載がない場合があります。また管理人については、日勤、巡回、住み込みによる常駐などがありますが、それが記載されていない場合があります。先に述べたように、住み込み管理人がいるマンションは少なくなりました。

(3) 専用物置の有無

専用物置あるいはトランク・ルーム、倉庫があるマンションもあります。ただ、中古マンションでは全戸数分の専用物置がないのが一般的です。また、空きの有無についての記載がないケースも多いようです。さらにほとんどのマンションの場合、別途料金が必要ですが、その金額の記載がないものも数多く見受けられます。

・土地所有権の有無
・管理方式
・専用物置の有無
専用物置があるといいですねえ
そうですよね
ただ中古マンションでは全戸数分がなかったり
空きの有無についての記載がないケースも多いようです
さらにその使用料金の記載がないものも多いんです
あらら
また土地所有権の記載がない場合は
借地権
借地権であることが多いですよ

5 居住専用用途型マンションか複合用途型か

物件チラシには、居住専用用途型マンションか、非居住用との複合用途型かの区別は、ほとんど記載されていません。ここでいう居住専用用途型マンションとは、マンションのすべての区分所有の専有部分が居住用ということです。

一方、非居住用との複合用途型とは、例えば、1階部分に商店が入っていたり、上階部分に事務所が入っていたりするマンションです。この区別は、売買契約書やマンションの管理規約によって明らかにされています。

ここで問題になるのは、もし居住者がほかに新たに住居を買って別のマンションに住戸を移し、いままで住居にしていたマンションの住戸を事務所にしようとする場合です。管理規約で、居住専用とするとあれば、規約違反になります。事務所になりますと、居住者以外の事務所に勤務している従業員が出入りしますので、居住者によっては、うっとうしいので管理規約違反だと訴える場合があります。

しかし実際問題として、多くのマンションにおいて、居住用に建てられた住戸が事務所に使われている例はたくさんあります。業務地区に建てられたマンションは、特にその傾向が強いようです。また反対に、マンションの1階と2階が非居住用となっていても、商売がなりたたないため、居住用に変更する場合もあります。

マンションの物件チラシには…
居住専用用途型か
非居住用との複合用途型かの区別はほとんど記載されていません
だって実際問題として居住用の住戸が事務所として使われてる例は多いですよね？
そう
特に業務地区のマンションはその傾向が強いようです
スーパー
逆に1階と2階がもともと非居住用でお店をやってたところが…
商売がなりたたず居住用になる例もあります

6 新しい記載傾向

(1) 間取りの英語記載

先に述べたように、間取り図の部屋名が英語になっている物件チラシがあります。外国人向けを意識したものなのでしょうか。あるいはシャレたつもりなのでしょうか。英語だと高級感があるイメージがあるからかもしれません。

(2) 好みに合わせて選択可能をうたっているマンション

セレクト・プラン・マンションをうたっているマンションもあります。すなわち、間取りを自由に選べるというマンションです。ただ、これはかなり限定されたマンションです。間取りは選べなくても、次のような選択肢のあるマンションがあります。住む人の体型に合わせて選べる項目と、住む人の趣味に合わせて選べる項目があります。

① ルーム・カラー・セレクト

部屋の内装材の色を選べるという意味です。

② キッチン・セレクト

台所のシステム・キッチンの面材の色を選ぶことができます。さらに調理台の高さを選べる場合もあります。

③ 洗面化粧台セレクト

洗面化粧台の扉の色とカウンターの高さが選べます。

④ 浴室セレクト

浴室のタイルや、浴槽の色とシャワー水栓の形状が選べます。

ではこの章の最後に
最近の新しい記載傾向をお話しましょう
まず間取りの英語記載が多くなりました
English
ABC
なんとなくおしゃれなイメージですもんね
また間取りを自由に選べるセレクト・プラン・マンションという表示や…
間取りまでは選べないけどこれらは選択可能とうたっているマンションもあります
ルームカラー・セレクト
キッチン・セレクト
洗面化粧台・セレクト
浴室セレクト

第4章　マンションの内容の変化

1 最近の新築マンションの内容

マンションも新しいほど、進化しています。古いマンションは老朽化しているといいますが、老朽化の意味には2つあります。1つ目は年を経るにつれて、汚れたり、壊れたり、具合が悪くなったりする「物理的老朽化」です。人間が歳をとると身体が衰えてくるのと同じです。2つ目は、昔には一般的であったものが、今では廃れて、時代遅れになっているものです。昔は経済的に貧しかったからでしょうか、マンションの専有部分の床面積は小さかったのです。また天井も低く、今と比べるとみすぼらしいものでした。また最近では特にキッチンやバス、トイレといった水回りの設備や、電気、ガスといったエネルギー機器の進歩が著しくなっています。さらに極めて進歩が著しいのが、情報通信機器といわれるものです。情報通信機器は、マンションの安全や安心に不可欠な設備となっています。その意味で2つ目の老朽化は時代とともに感じる「相対的老朽化」です。

「相対的老朽化」の事例を挙げますと、昔は洗濯機置場が決まっておらず、バルコニーに置くようになっていました。また乾燥機なども普及していなかったので、その置場などの配慮もありませんでした。今では給湯は当たり前ですが、昔はありませんでした。キッチンの水道栓に浄水器が完備されたのも、つい最近のことです。

昔のマンションには見られなかったのですが、新築マンションに見られるようになったものを次に挙げてみましょう。

2 収納関係

現代人は、昔より所有するものが多くなり、それに合わせて、収納スペースを多く必要とします。一般的に、床面積に対する収納面積の割合を示す収納率は、マンションの場合が7～8％程度、一戸建ては10～15％程度といわれています。このようにマンションでは収納スペースが十分でない場合が多いのです。せめて12～13％程度は欲しいものです。物件チラシに収納率が記載されていることはほとんどありません。したがって、収納率が知りたいのであれば、自分でマンションの間取り図から収納部分の面積を計算しなければなりません。

一応、新しいマンションほど、収納スペースの確保に努力しています。それでは、新たに増えた収納関係の部屋をみてみましょう。

(1) ウォーク・イン・クローゼット（walk in closet)

ウォーク・イン・クローゼットとは、洋服ダンスを大きくして部屋にしたようなもので、居住者が歩いて入れる納戸のようなものです。主に主人夫婦の寝室の隣に設けられることが多くなっています。ウォーク・イン・クローゼットを直訳すると「歩いて入れる収納（納戸）」という意味です。おそらく海外の住居にあったものをまねたものです。ウォーク・イン・クローゼットが現れたのは昭和60年代とする説がありますが、その当時では珍しいものでした。今では、ほとんどの新築マンションに付けられています。

(2) シューズ・イン・クローゼット（shoes in closet）

シューズ・イン・クローゼットはあまり多くありませんが、玄関に付随して設けられた、靴や傘などを置く納戸のようなもので、直訳すると「靴を履いたまま入れる下足収納（納戸）」という意味です。簡単にいうと「下足室」です。ホテルや旅館などにありますが、マンションにも出現しました。シューズ・イン・クロークとしているマンションもあります。

一軒家であれば勝手口があり、そこには靴や傘はもちろん、長いスキー板とか、サーフボード、脚立や箒など、大きな物が収納されていました。マンションには玄関のみで勝手口がありませんので、玄関に一軒家の勝手口の機能を持たせる必要があることからシューズ・イン・クローゼットなどが設けられたのです。

(3) 壁収納（ウォール・クローゼット：wall closet）

廊下などの壁一面に収納を設けたもので、ウォール・クローゼットなどと記載されています。現在のマンションの寝室は洋室が多く、寝具はベッドが中心となっていますので、布団を入れる押入れは必要がなく、押入れほど奥行きがない収納が多いのです。

また、和室がなくなった結果、床の間もなくなりましたので、花をお好みの花瓶や花差しに生けて飾る場所もなくなりました。その代わりに飾り棚などが設けられている壁収納もあります。システム収納といっているマンションもあります。

ウォーク・イン・クローゼット
シューズ・イン・クローゼットや壁収納
このように昔はなかったけど今では当たり前になってきたものを挙げていってみましょう
ん～とん～とセパ交流戦
マンションの話ですよ

3 セキュリティ機器関係

マンションで大きな変化がみられたのは、安全・安心に関わるセキュリティ機器の導入です。

(1) 携帯電話からアクセスできるシステム

ＩＴ技術が発達して、携帯電話を利用して留守宅をいつでも見られる防犯カメラ機能が使えるようになりました。また、火災の発生など緊急時には、携帯電話に通報されます。子どもがいる世帯では、子どもが学校などから帰宅すると、親の携帯電話にメールが入ったり、不在時に来客があれば、その顔写真がメールで送られてきます。もちろん、直接来訪者と会話ができるように設定することもできます。

(2) 非常時脱出機能付き浴室窓

共用廊下に面した浴室の窓は、防犯上、格子などが付けられ侵入が不可能になっていますが、反対に地震や火災時にそこから逃げることができないという問題があります。そこで非常時には内部から容易に開くことができる格子窓が開発され、これを非常時脱出機能付き浴室窓といっています。

(3) 防犯マグネット・センサー

窓やドアの開閉状態で侵入者を感知するセンサーです。その他、ガラス・センサー（ガラスの破壊を感知するセンサー）やジャロジー・センサー（ジャロジーからの侵入を感知するセンサー）などもあります。ところでジャロジーとは幅の狭いガラスを横方向に平行に並べて、その角度を変えることにより、換気・通風を行う小窓のことです。ブラインドのガラス版といっていいでしょう。

(4) カラー・モニター付きハンズ・フリー・インターホンのオートロック・システム

新築マンションでは、訪問者と会話するインターホン、カラー・モニター付きハンズ・フリー・インターホンが普及しています。ところで「ハンズ・フリー」とは英語で、「ハンズ」は「手：hand」で「フリー」は「自由：free」あるいは「空いている」という意味です。両手で何か持っていたり、作業を行っていても十分対応できるインターホンという意味です。主婦の場合は食事の用意で調理をしている場合には、手がふさがっていて、ピンポーンと鳴っても受話器を取れません。そこで手の甲などの身体のほかの部分でタッチするだけで訪問者と通話できることをいいます。モニターで確認して訪問者を迎え入れるのであれば、まず共用部分の玄関のオートロックを解除します。訪問者が住戸の前に来たときに、さらにモニターで確認してからオートロックを解除します。一人暮らしの居住者の場合は、自分のマンションに帰ってきて住戸に入る場合は、今では携帯電話で簡単にオートロックを解除できます。

(5) 非接触ICキー

非接触ICキーとは、鍵のかわりにICカードで扉の開閉を行うことのできるものをいいます。形態は交通機関の乗り降りに使うプリペイドカードのSUICAやPASMOなどと同じものです。マンションの玄関はもちろん、住戸に入る扉、郵便受けや宅配受けも非接触ICキーを使っているマンションが多くなりました。

(6) 玄関に二重ロックと防犯サムターンの設置

人びとの防犯意識が高まっており、マンションの住戸の玄関に2つ以上のロックを付ける住戸も増えています。また、近年、不法侵入の手口として「サムターン回し」がみられます。「サムターン回し」とは工具などを差し込んで室内側のサムターンを直接回して不法に解錠する手口で、防犯性の高いシリンダーを装着していてもサムターンがある限り、防ぐことはできません。そこで「防犯サムターン」といって、サムターン回しができないサムターンが開発されています。例えば、簡単なものではサムターンの周りに新たに覆いを付けたり、押してから回さないと開かないもの、サムターンの部分を取り外しのできるものにするなどいろいろあります。

ところで「サムターン」とは室内側からは手で回す施錠で、英語で「サム」とは「親指：thumb」を意味し、「ターン」は「回す：turn」という意味なので、原義は「親指で回す」という意味です。

(7) 録画機能付き防犯カメラ

防犯意識の高まりから、マンションの敷地内や共用部分に防犯カメラを設置するマンションが多くなりました。モニターが管理人室に置かれ、管理人が常駐している場合は監視しています。しかし、夜間など管理人が不在の場合に何が起こったかわかるように、防犯カメラには録画機能が付けられています。新聞の報道でわかるように、犯罪が起きると、犯人探しに防犯カメラの録画が役立っています。

(8) ダブル・ロック

2つの鍵という意味で、単に防犯対策上、鍵を2つ以上付けた扉をいいます。二重ロックと同じです。

(9) ディンプル・キー

ディンプルとは「えくぼ」とか「くぼみ」という意味で、鍵の表面にくぼみが付いているものをいい、普通の鍵屋さんでは複製が困難であり、シリンダー錠なのでピッキング対策になる鍵のことです（複製は鍵の製造会社でしかできません）。

ところでピッキング（Picking）の語源は英語で「こじあけること」を意味します。先端が耳かきのような金属製の器具（ピック）を鍵穴に差し入れて解錠する方法は、もともとは錠の故障や鍵の紛失で締め出されたときなどに、錠前師が解錠する技術でした。この技術を窃盗団などが身につけて悪用した結果、侵入窃盗の被害が急増しました。

⑽ ミラー・カーテン

従来のレース・カーテンは内から外が見え、太陽光線が入るカーテンです。しかし、近年はプライバシーの観点から外から室内を見えにくくするカーテンが要望され、そのような要望に応える製品が開発されています。その方法はカーテンの外側を繊維の種類や断面構造、織り（編み）の組織により、光沢のあるものにして、外からの光を反射するようにしています。それを「ミラー・カーテン」と呼んでいます。注意しなければならないのは、一部の商品で夜間のミラー効果があまりないものがあることです。

⑾ ガラス戸にミラー・シート

ミラー・カーテンと同様な機能を持つシートを透明なガラス戸に貼ることにより、外から室内を見えにくくすることができます。いわゆる「ハーフ・ミラー（マジック・ミラーとも呼ばれる）」といわれるガラス製品と同等の機能を持たせることができます。

⑿ 遮光カーテン

厚手のカーテンでも、昼間は光が幾分透過したものですが、生活の多様化とともに、夜間働いて昼間寝る人びとが多くなっています。そのような人びとには昼間、真っ暗な室内で眠りたいという要望があります。それに応えるためのカーテンが開発されています。遮光カーテンには、どの程度光をシャットダウンするかの目安を示す遮光等級（遮光率）が1級から3級まで記載されています。

なお、この遮光等級と遮光率は社団法人日本インテリア・ファブリックス協会の基準です。

防犯意識の高まりとともに
マンションのセキュリティ機器関係は格段に進歩しました
鍵やロックそのものの進歩はもちろんのこと
センサーを利用したり防犯カメラを設置したりもしています
プライバシーの観点からの要望もあるし
ミラーカーテン
侵入されにくく避難しやすい窓などもあります
入れない
→×
←こちらからは○容易に開く

そして中でも最も画期的なものは
IT技術の発達から生まれた携帯電話を利用したセキュリティでしょう
例えば…
防犯カメラの映像を外出先から見ることができたり
うん 我が家に異常なし!!
火災などの緊急事態が発生すると
ボウ
自動的に知らせてくれたり…
え!?
火災発生

⒀ ゲーテッド・コミュニティ

わが国では実現されないと思っていたのですが、ついに出てきました。ゲーテッド・コミュニティの「ゲーテッド」は、日本語でも使いますが「戸」とか「扉」という意味の「ゲート」の動詞用法で、「ゲートで閉ざされた」という意味です。すなわち、「扉（出入口）のあるコミュニティ」という意味で、主に欧米や東南アジアの高級住宅地で見受ける、周囲をコンクリート塀や有刺鉄線、剣先金物などを付けたフェンスなどによって囲まれたものをいいます。出入口は1箇所でそこには警備員がおり、来訪者をチェックします。所得格差を露骨に示している住宅地であり、筆者はあまり好きではないのですが、金持ちはそれなりに、自分の財産や命を守る意識が強いのでしょう。物件チラシでは次のようなキャッチコピーを見ました。

「ニューヨークのグラマシー・パークに代表されるゲーテッド・コミュニティが出現」

グラマシー・パークとは文字どおり、公園なのですが、一般の人は入れず、周辺に住宅を持っている人たちだけが公園の鍵を持っており、公園を使うことができるというのです。その意味では、ゲーテッド・コミュニティとはちょっと違うものです。

わが国でゲーテッド・コミュニティといわれているものは、東京テラス、ベルポート芦屋、マザーヴィレッジ岐阜、グローリオ蘆花公園、広尾ガーデンフォレストなどです。

子どもの帰宅も教えてくれるし
✉子どもが帰宅しました
ピロロ〜ン
不在時に来客があると…
その顔写真がメールで送られてくるだけでなく
あら幸子が来てるのね
直接　会話もできちゃったりします
ごめんすぐ帰るから待ってて
いや〜すごい世の中になったな〜
でもセキュリティが進歩せざるをえない世の中って…やるせないですね

4 台所（キッチン）関係

台所に関しては、特に調理器具が進歩しており、様々な製品が開発されています。また、普通に水道の水を飲んでいたのですが、消毒用のカルキ臭が嫌われ、飲用にはミネラルウォーターが普通になってしまいました。台所には水道の蛇口以外に浄水器を取り付けるのも一般的になっています。地方公共団体では、上水道の水質の向上に努めており、実際、水道の水もおいしく飲めるようになっています。東京都は、盛んに東京の水道がおいしいことを宣伝しています。しかしながら、まだまだ水道水を直接飲む昔のような習慣に戻ってはいないようです。

(1) IHクッキング・ヒーター

鍋自体を発熱させる調理器です。ＩＨとは電磁誘導加熱（Induction Heating）のことです。ＩＨ加熱は磁力発生コイルから発生した磁力線が鍋底を通過するときに渦電流となり、その電気抵抗で鍋自体が発熱するしくみとなっています。したがって、従来のガスコンロのような五徳は必要なく、平らな面に鍋を置きます。今まで使っていた中華鍋は使えなくなりますので注意してください。

(2) ガラス・トップ・コンロ

ガラス・トップ・コンロとは、コンロの上面、五徳が載っている面が色付きガラスでできているコンロです。その特徴は掃除が容易であることと、見た目がきれいなことです。

ＩＨクッキング・ヒーターもいいなあ
ガラストップコンロもきれいだなあ
どっちがいいと思う？
主にあんたが使うんだからあんたが決めなさいよ
あ…ＩＨだと今までの中華鍋使えなくなるかも…だって
あ〜じゃあガラストップにしたら？
こういうパターンも今は当たり前なのかな？

(3) 電子コンベック付きキッチン

コンベックとはコンビネーション・レンジのことで、ガス高速オーブンに電子レンジの機能が内蔵されたものです。ガス・オーブンと電子レンジの複合機といったところでしょうか。その特徴は電子が料理の内側から、ガス・オーブンが外側からこんがり焼き上げます。調理時間が従来のガス・オーブンに比べて短くなります。

(4) アイランド・キッチン（対面式キッチン）

調理機器が壁に面しておらず、台所と食堂の境界に島のように独立してある台所をいいます。英語の「アイランド」とは「島」という意味です。この場合、台所の調理機器の前に食卓があり、作ったらすぐ、食卓に置くことができるキッチンです。言ってみれば、寿司屋や飲食店のカウンター形式と同じようなものです。調理する人と食べる人が向かい合っていることから、「対面式キッチン」ともいいます。あるいは、カウンター式キッチンともいいます。

(5) ビルト・イン浄水器

ビルト・イン浄水器とは、シンクに最初から設置された浄水器のことで、後から蛇口に浄水器を付けるものではなく、シンクの下部に浄水のためのろ過器が付いています。

(6) ショックレス・クローズ機構

引き出しを閉めるときに、勢いよく閉まるのが普通の引き出しですが、そのショックと騒音をなくすために、ゆっくり静かに閉まるようにしたものです。

新婚さんの新居は
新築のマンション
キッチンはもちろん流行の対面式
はい
ア~ん
もはやこれはヒート・アイランド・キッチン!!
あつい
あつい
月日は流れ…
2011年
3
対面式なのに背中合わせになってたりして
まあこんなこともありますな

(7) 整流板付きレンジ・フード

昔のレンジ・フードはファンがむき出しで、ファンの前面に作動・非作動により開閉するシャッターのようなものが付いていましたが、今ではファンの前面に金属の覆いを付けています。これは排気をファンに誘導して吸い込み効率をよくするためのもので、空気の流れを一定方向に誘導するという意味です。さらに金属板の覆いに油をはじく仕上げを施したりして、掃除を楽に行えるようにしている製品もあります。

(8) スライド式収納

スライド式収納とは二重（前と後）になっている収納をいいます。台所の壁面が少なくて、食器などを収納するためのスペースが足りないときや、たくさん食器類を収納したい場合に設けます。前面の収納が左右にスライドして、後面の収納での出し入れができるようにしたものです。なお台所だけでなく、居間などの本棚や収納にも使われます。

(9) システム収納

システム収納とは、いろいろな寸法の収納部分を組み合わせて、収納全体をつくり上げることができる収納です。食器などは高さ、幅、長さが大小様々ですので、効率よく収納するには、様々な寸法の収納をつくる必要があります。システム収納とは、基準となる寸法（モジュール）を決めて、その基準寸法（モジュール）の倍数を組み合わせることによってできる収納のことです。

(10) 耐震ラッチロック

地震が起きたときに食器が飛び出さないように食器棚の扉などに取り付ける鍵のようなものです。ある一定の震度以上になると自動的にストッパーがかかるタイプや、扉を開けたいときにストッパーをはずすようになっている常時ロックタイプなどがあります。

⑾ ディスポーザー

ディスポーザーは、台所で発生する野菜の残滓《ざんし》などの生ゴミを水とともに粉砕して下水道に流す設備です。米国ではかなり昔から普及しています。下水処理施設に負担がかかるのではという疑問もありますが、ディスポーザーによるゴミを積極的にメタンガスなどのエネルギーに変換したり、余剰汚泥をコンポスト化して、肥料として緑農地に還元している処理場もあります。今後はディスポーザーで処理するのがよいのか、生ゴミを別に収集処理したほうがよいのかについて環境的、経済的検討が進められることでしょう。現状では、条例でディスポーザーの使用を禁止している地方公共団体や、行政指導で自粛を求めている地方公共団体もありますので、注意が必要です。また、公共下水道が整備されておらず、合併浄化槽により処理されている地域では、汚濁負荷が大きくなりすぎますので使用できないでしょう。

もちろん、新築マンションでディスポーザーが設置されているマンションは、その立地する地方公共団体がディスポーザーを許容していることを確認していると考えられます。

5 洗面、浴室、トイレなどの水回り関係

(1) フルオート・バス

あらかじめ湯の量、湯温を設定しておけば、スイッチひとつで自動的に入浴できる状態になる装置のことです。入浴中に湯温が下がってきたら自動的に追い焚きをしてくれます。また、タイマーでお湯をためてほしい時刻を予約することもできます。さらに、外出先から携帯電話による操作で稼働させることができる装置もあります。

(2) 浴室でのミスト・サウナ

ミスト・サウナとはその名のとおりサウナなのですが、通常のドライ・サウナと異なり、比較的低温で細かい水粒子のミストを発生させることにより発汗作用を促進する装置で、ドライ・サウナに比べて身体に優しいとされています。

(3) 浴室換気暖房乾燥機

一般的に上記のミスト・サウナと一緒になっています。ミスト・サウナは当然のことながら湿気を伴うので、利用後は乾燥させなければなりません。また、冬季の暖房も不可欠ですが、このためのすべての機能を具備した設備が、浴室換気暖房乾燥機なのです。すなわち、換気と暖房と乾燥を、必要なときに行ってくれる設備です。

(4) スロップ・シンク (slop sink)

日常の庭の手入れや、大掃除などで水洗いするときは、バケツを使います。台所のシンクや洗面所のシンクを使うのは狭すぎるし、また汚れるので好ましくありません。そこで、バルコニーなどに大きなシンクのスロップ・シンクを設けているマンションがあります。スロップとは「汚れた水」や「泥水」という意味です。

フルオート・バスも今では当たり前ですよね
しかも外出先から携帯電話で遠隔操作できるものもあります
ん？何か不明な点でも…？
マニュアル
お風呂掃除の予約の仕方がわからないんですが…
そ…掃除までは自動でやってくれません
ミスト・サウナ浴室換気暖房乾燥機が付くものも多くなりました
完ペキじゃ〜ん

(5) 保温浴槽

保温浴槽とは、浴槽のお湯がさめないように、浴槽の構造を魔法瓶のようにしたものです。T社の製品はその名もずばり「魔法びん浴槽」です。

(6) 低床型ユニットバス

加齢とともに、浴槽をまたいで入るのは、きつくなります。浴室の床面から浴槽の縁までの高さを低くして、高齢者でも子どもでも入りやすくしたユニットバスです。

(7) パウダー・ルームの三面鏡仕様

一般に洗面所に設置された鏡は一面鏡ですので、身体の正面しかよくわかりません。横顔がどうなっているのかは気になるところです。特に女性にとっては、側面から背面まで見える三面鏡があることはうれしいことです。

(8) スライド・バー付きシャワー

家族それぞれの身長に合わせて、シャワー・ヘッドの高さを自由に変えられるシャワーです。シャワー・ヘッドを持たなくてもいいので、ハンズフリーです。

(9) 洗濯機置場

初期のころはバルコニーに洗濯機を置くようになっているマンションが多かったのです。そのため、洗濯場が冬は寒く、夏は暑かったのです。今は乾燥機置場も含め、浴室に隣接して設置してあるマンションがほとんどです。

(10) シースルー浴室

浴室と居間との間の壁をガラス張りにして、浴室内が居間から見えるようにした浴室です。新婚夫婦や家族だけが利用する場合にはよいでしょうが、お客さんがきたときは、よほど親しい友人で、裸の付き合いをしていれば別ですが、普通は浴室は使えないと思われます。また、リゾート地のマンションには外に面してガラス張りの浴室を設けていますが、これは、浴室から景色を眺めることができることを売りにした設計です。

浴室関係の進歩は充実してますね
やっぱり現代社会においてお風呂は単なる衛生・美容の空間からリラックス空間に発展し進化を遂げたということでしょう
最近は高齢者にも優しい設計になってますもんね
水道
ガス
or
電気
それに省エネ省資源に訴える余地もあったんでしょう
私は保温浴槽に興味があるな〜
魔法びんタイプ
僕はシースルー浴室かな…
あ〜でもリラックスできないか

6 IT（情報通信）機器関係

著しい発達をみたのはIT関係の設備です。

(1) BSデジタル放送対応

IT関係の用語はアルファベットとカタカナが多く、チンプンカンプンなことが多いと言わざるを得ません。放送関係の用語も、ふだんあまり気にしないで使っていますが、よくわかっていないことが多いのです。まず、アナログ放送とデジタル放送のアナログとデジタルですが、これは情報を送る方式の違いを表しています。アナログとは連続量としての情報をそのままの形態で送ること（送れる波などに変換する）を意味し、デジタルとは情報を2進法の記号にすべて分解して送ることを意味しています。デジタルのほうがアナログより送る情報の量が多く、しかも速いのです。またアナログは伝送の際に変質しやすいという問題もあります。したがって、国は、一部の地域を除き、地上アナログテレビ放送を2011年7月まで終了し、地上デジタル放送に切り替えました。そのため、多くの方が持っておられたアナログ放送用のテレビ受信機は、そのままでは使えなくなりました。

ところで地上デジタルの地上とは、地上波の意味です。一般的な放送は、放送局で作った番組を東京タワーのような電波塔から地上を電波で流し、各戸はアンテナでそれをキャッチします。それに対してBSというのがあります。これは、broadcasting satellite の略で放送衛星という意味です。BSとは、CS（通信衛星：communication satellite）のうち、一般家庭で直接受信することを目的とした衛星による放送を行うために特定化したものです。ＢＳは赤道上の東経１１０度に静止衛星としてあり、放送局で作った番組を衛星に送り、それを衛星がまた地上の各戸に送るものです。地上波はいろいろな障害物にぶつかり、映りが悪いなどの問題がありますが、衛星放送では遮る障害物がないので、安定した画像が得られます。

２０１１年7月にアナログ放送はなくなり、すべてデジタル放送となりました。古いマンションでは、アナログ放送用のアンテナを屋上に設けて、各戸に受信可能な端子を設けていましたが、デジタル化すると、それが使えなくなります。したがって、新しいマンションでは、デジタル化に対応したアンテナ端子を各戸に設けています。この端子につなげば、すぐにデジタル放送が視聴可能です。もっとも持っておられるテレビ受信機が地上アナログ用のテレビ受信機のままであれば、地上デジタル・チューナーを買ってきて付けなければなりません。

地上波もBSもアナログからデジタル放送へ移行し
マンションのアンテナもそれに対応しています
そもそもアナログとデジタルの違いってなんなの？
お弁当のおにぎりどのくらいの大きさにする？
え〜っとこれくらいで!!
これがアナログ
？
お弁当のおにぎりどのくらいの大きさにする？
え〜っと4000粒で!!
これがデジタル
あはは

(2) 光ファイバー超高速インターネット

従来のインターネットの接続は、マンションの各戸の電話回線に接続して行われてきましたが、通信会社は電話回線以外に光ファイバーの回線を順次整備してきました。その回線を導入することにより、光ファイバーによるインターネットなどの接続ができます。電話回線と比べて、光ファイバーによる接続は大容量の動画や音楽などを高速で受送信することができ、安定しています。

(3) CATV（ケーブルテレビ）

有線（ケーブル）で多チャンネルのテレビ番組などを送るサービスです。地域によって、様々なケーブルテレビ会社があり、そのケーブルをあらかじめ各戸に配線しているマンションがあります。もちろん有料ですので、接続して加入するかは入居者の判断によります。

(4) SOHO

SOHO（ソーホー）とはsmall office home officeの略です。直訳しますと、「自宅の小さい仕事場」とでもいいましょうか。近年IT技術が発達し、パソコンのメール機能などを利用して、会社に行かなくても自宅でも仕事ができることをいいます。またテレビ電話も可能となりました。SOHO対応マンションとは、IT機器の端末が設備されていることをうたっています。

(5) マルチメディア・コンセント

IT機器を接続するためのコンセントです。電源コンセントのほかに、電話アウトレットやTVアウトレットが一緒になっています。

光ファイバーの回線も整備されてきました
インターネットでも通信速度が速いから便利ですよね
おかげでデータのやりとりもストレスがないから家から出なくてもいろいろできちゃいますよね
SOHOといって家で仕事をする人も増えてきました
新しいマンションではマルチメディア・コンセントが付いているものもあります

7

冷暖房・省エネ設備関係

(1) 床暖房

居室に床暖房を採用するマンションが多くなりました。新築マンションの物件広告の間取り図では、床暖房の部分を色分けしています。やはり頭寒足熱が過ごしやすく、健康にもよいといわれています。

(2) エコキュート

エコキュートとは、空気の熱を吸収して圧縮し、その熱で給湯する方法です。深夜電力を利用して、ヒートポンプ方式により給湯します。エコキュートも省エネをうたい文句にしています。

(3) 複層ガラス（ペアガラス）

開口部のガラス戸はペアガラス（複層ガラス）仕様が多くなりました。ペアガラスとは2層になったガラスで間に空気層があり、それが断熱性を持ち、結露の防止になります。板硝子協会の調べでは、マンションの複層ガラス普及率は50％を超えています。

(4) 省エネ電球

室内の照明に電球形蛍光灯を採用しているマンションが増えています。白熱電球に比べ価格が高いのですが、寿命は約6倍、電気代は4分の1以下で節電になり、CO^2の排出量の削減に寄与していることを強調しています。政府の要請もあり、今後は電球型蛍光灯とLED電球の生産だけになり、白熱電球はなくなる運命にあります。

エコキュートや2層になっているペアガラス
あるいはLED電球といった効率のよい省エネ商品も標準化してきました
LED電球の進歩はめざましく白熱電球の領域はすべてカバーしたと言っていいでしょう
ふ～ん
あ この部屋は床が暖かいですね
はい 床暖房も多くなりました
広告の間取り図では床暖房の部分を色分けしています
リビング・ダイニング
（約14.6畳）

(5) 階高

階高とは自分の住戸の床面から上階の住戸の床面までの高さをいいます。階高が高くなった理由は、床下配管が可能なようにという配慮によるものです。古いマンションですと、配管は下階の住戸の天井裏にありましたので、配管から水が漏れたりすると、下階の住民に迷惑をかけます。そのために今ではすべてのマンションが床下配管に変わっています。もちろん、天井が高いほうが住み心地がいいので、天井を高くするためにも階高が高くなりました。

(6) リサイクル製品利用

排水管に、ペットボトルをリサイクルして製造したパイプを利用していることをうたい文句にしているマンションもあります。

(7) 次世代型オール電化

次世代型オール電化とは、熱源のガスなどとの併用をやめて、すべて電気を使用するものです。先に述べたエコキュートなどを導入して夜間電力を利用するなど、熱源のガス併用型に比べて光熱費が節約になることをうたっています。

(8) 節水型便器

便器メーカーは節水型便器を売り出しており、それを標準仕様にしているマンションも多くなりました。便器によっては約60％も節水できます。水道代の節約になり、排水量も減らすことができます。

最近のマンションは階高が高くなりました
階高・・・？
自分の住戸の床面から上階の住戸の床面までのことです
上階
下階
ここね
これは床下配管が可能なようにという配慮なんですね
排水管にリサイクル製品を利用しているマンションもあるみたいですね
ペットボトル！

8 共用部分関係

マンションの共用部分で新たに設置された機能としては、以下のようなものがあります。

⑴ 宅配ボックス（ロッカー）

宅配ボックスが世に初めて出たのは昭和59年（1984年）といわれています。したがって、それ以前に建てられたマンションには宅配ボックスはありません。宅配ボックスが普及したのは、夫婦共稼ぎが多くなり、マンション居住者が昼間不在なことが多くなったためでした。不在時には、以前は隣人に預かりをお願いしたりしました。しかし、隣人にどこから来た荷物であるかとか、荷物の内容がある程度わかってしまい、プライバシー面で問題がありました。そのため、よほど親しい隣人なら別ですが、あいさつをする程度の普通の付き合いであれば、お互いに荷物を預かるのを嫌がり、今では宅配業者も隣人に預けることはほとんどなくなりました。

また以前は、一般にマンションの管理人が荷物を預かり、居住者に宅配便が来たことを知らせていました。知らせる方法としては郵便受けにお知らせを入れたり、お知らせカードを挟んだりします。しかし、管理人が住み込むシステムのマンションであれば、居住者が真夜中でも管理人を呼び出して荷物を受け取るなどするため、管理人にとってはかなりの負担となっていました。現在は住み込みの管理人より、通いの管理人のマンションが多く、通いの管理人であれば夜は不在なので、居住者が夜間に荷物を受け取ることができず、不満がつのります。

そこで、誰をも煩わせることなく、受け取れる

あ、何か荷物が届いてるみたい
宅配ボックス
え～っと3番ボックスね
6
暗証番号を入力して…と
わ～こないだ応募した抽選の腕時計が当たったんだわ
それにしても箱がデカイな～
おお⁉
このように宅配ボックスは便利ですが共用部分なのでそのぶん管理費が高くなってきます

宅配ボックスが普及したのです。一番簡単なシステムは、宅配業者は受取人が不在であれば、宅配ボックスに荷物を入れ、受取人の郵便受けに宅配荷物を入れた宅配ボックスの番号と任意の暗証番号を記載した用紙を入れます。受取人は記載された番号の宅配ボックスに行き、暗証番号を入れて荷物を取り出します。

ただ、宅配ボックスにはいろいろな種類があり、入出庫方法にもいろいろなシステムがあります。例えば宅配便だけでなく、クリーニングした衣類や写真のＤＰＥ（現在はほとんどデジカメ・プリントですが）を受け取れたり、居住者が宅配便を発送できたり、出前の受け取りもできるなどです。また入出庫システムも非接触型のカード式施錠を利用しているマンションであれば、本人確認をそれと連動することもできます。最近では指紋照合を採用するケースも出てきました。

ただし、宅配ボックス導入で注意しなければならないのは、宅配ボックスの維持管理費がかかることです。維持管理費は宅配ボックスの種類によります。多機能であればあるほど、電気代とメンテナンス費用がかかります。そのため、宅配ボックスのあるマンションでは、ないマンションと比べて、管理費が高くなってきます。また、中古マンションで新たに宅配ボックスを設けるのであれば、管理費の値上げなど新たな負担が必要となる場合があるでしょう。

(2) ペット用足洗い場

最近のマンションでは、ペットを飼えることをうたい文句にしているマンションが多くみられます。ペット用足洗い場は、ペット飼育を受容しているマンションに設置されている施設です。犬を散歩に連れ出したりして、外出から帰ったら犬の足を洗うということのようです。ただ人間もマンションに入る前に履き替えるわけではなく、自分の住戸の玄関で履き替えるのですから、足洗い場は各戸に必要なもので共用部分には必要ではないように思われます。けれど一般的にいって、犬などは公園や空地など土のあるところを好むことから、足が泥まみれになるとの認識からでしょうか、マンション内に入る前に足洗い場を設けています。

(3) 防災倉庫（防災備品をストック）

日本の各地で大地震が発生しています。首都圏においても関東大震災級の大地震が発生する可能性がかなり高くなっています。そのため、そのような大地震などの天災に備え、防災備品をストックするための倉庫を設けるマンションも増えています。

(4) AED（心停止の蘇生機器）の設置

AEDとは最近、鉄道の駅などに設置されている蘇生機器です。駅の場合は、突然心臓発作に見舞われた乗客に電気ショックを与えて、よみがえらせるための配慮です。マンションでは、住民が心臓発作に襲われたときには救急車を呼びますが、一刻も早く処置が必要なことから、素人でもできる蘇生装置として設置されます。

(5) 子ども室

少子高齢化により、マンションの住民としての子どもの数が減っています。しかし全くいないわけではないので、これらの子どもたちが遊べる室内空間を設けます。外部に子どもの遊び場を設けているマンションは、団地タイプのもの以外はあまり見かけません。せめて、雨の日でも遊べる空間を設けてもらいたいものです。子どもたちが仲良くなれば、親たちのコミュニケーションも活発になります。

ただ問題なのは、万一の事故に備えて、大人の世話人が待機していることが必要となります。

(6) 高齢者憩いの部屋

少子高齢化により、お年寄りがほとんどというマンションもみられるようになりました。独居老人も多く、管理人も実態が把握できていないマンションがほとんどです。高齢者憩いの部屋を設けることにより、高齢者間のコミュニケーションが活発になり、お互いの生活状況を確認する機能を持つことができるでしょう。

(7) 読書室（図書室）

近年、読書室を設けるマンションが増えてきました。蔵書は住民が読み終わった図書を寄付してもらいます。読書だけでなく、コミュニケーションの場としても機能します。もちろん、騒がしい会話と読書とは両立しませんが。

他にも共用部として設置されるものをあげていきましょう
・ペット用足洗い場
・防災倉庫
・AED
・子ども室
・高齢者憩いの部屋
・読書室
読書室なんていいですね
近年増えてきましたね
蔵書は住民が持ち寄ります（寄付）
読書室
住民同士が顔を合わせる機会も自然に増えて交流の場にもなりますね

⑻ トランク・ルーム

最近のマンションでは、各戸の玄関の外にトランク・ルームがあるマンションが増えています。トランク・ルームは住戸内の収納に入りきらない物品を入れるところですが、特にスキーなど長さの長いものの収納に重宝されています。またマンションによっては、別に貸し倉庫を設けているところもあります。

⑼ ゲスト・ルーム

遠方から友人が訪れてきて、泊まってほしいが予備の部屋がない、というマンションの居住者は多いでしょう。そのようなお客に滞在してもらえるようなゲストルームを設けているマンションもあります。しかしながら、清掃やベッドメーキング、備品の補充など、様々なルールづくりが必要となります。管理会社がホテルのように管理する場合もありますが、その場合は最低限ビジネスホテル並みの賃貸料を徴収することが必要となります。

⑽ パーティ・ルーム

自宅でパーティを開きたいが、自宅のマンションの居室では狭いので、大人数は呼べないなどの悩みがあります。それを解決するために、マンションにパーティルームを設けている場合があります。外部の宴会場を借りるより、安く利用することができるようにしています。

え?
パーティをうちでやりたい?
うん…
ダメ?
だってそんな大人数じゃ うちに入りきらないだろう
パーティ・ルームを借りたらいいじゃないか
ああ
そうねそうするわ!!
このようにパーティ・ルームのあるマンションもあります
二次会よ~!!
さ みんな入って入って
ウィ~
酒
だからうちじゃ狭いって言ってるのに~
も~

⑾ ゴミ集積場

一般的にマンションのゴミ出し場は1階にありますが、各階にゴミ出し場を設けているマンションがあります。これはなにも新しいマンションだけではなく、古いマンションにはよくありました。臭いや汚れがありますので、外階段の踊り場にゴミ入れのポリバケツを置いています。ただし、すべてのゴミというわけではなく、生ゴミだけというところも多いようです。この場合、かなり厳格にゴミの包装について決まりを設けています。例えば、水はよく切ること、新聞紙など吸水性のある素材で包むこと、さらに非透水性の袋に入れ、密封することなどです。厳密に言いますと、外階段は非常階段なので、非常時に歩行の妨げとなるため、物を置いてはいけないのですが。

可燃ゴミについては、ダストシュートを設けているマンションがありました。後述するようにダストシュートは問題点がいろいろあり、廃止するマンションが多いようです。また、前述した各階にゴミ出し場を設けるのも、管理人の労力が大変なので、やめたマンションが多いようです。

ところが、最近のある新築マンションのキャッチコピーは「お住まいの階でゴミ出しができるクリーンステーション」というものでした。また、24時間ゴミ出し可能をうたい文句にしているマンションもあります。管理会社も競争が厳しくなり、よりよいサービスを提供することに力を入れるようになったようです。

ゴミ集積場って普通は1階にあるんでしょ？
そうですね
各階にゴミ出し場を設けるマンションもありましたが
管理人の労力が大変などの理由からやめたところも多いようです
ところがここへきてこんなうたい文句のマンションがまた出てきました
お住まいの階でゴミ出しができるクリーンステーション！
管理会社の競争が厳しくなったということでしょうかね
ふ〜ん
よりよいサービスの提供が不可欠になっているんですね

⑿ 共用施設の省エネ

マンションの屋上にソーラーパネル（太陽熱発電）を設置して、共用部分の電気を太陽熱発電でまかなうことを行っているマンションも出てきています。CO_2を削減する効果と管理費用の節減につながることがうたい文句です。

⒀ フロント・サービス

共用部分の施設や設備ではありませんが、管理人や管理会社が行うサービスを売りにしている新築マンションもあります。ホテルのようにフロント・サービスあるいはコンシェルジュ・カウンター、コンシェルジュ・サービスなどといっています。その内容を物件チラシから拾い上げると以下のようなものがありました。

・メッセージ受付サービス
・切手・ハガキ等販売サービス
・レンタカー紹介サービス
・フラワー・デリバリー・サービス
・各種印刷サービス
・台車・脚立等貸出サービス
・食材宅配紹介サービス
・買い物代行業者紹介サービス
・タクシー手配サービス
・クリーニング取次ぎサービス
・宅配便発送取次ぎサービス
・空き室管理サービス
・ハウスクリーニング紹介サービス
・家庭教師紹介サービス
・24時間健康相談業者紹介サービス
・緊急トラブル対応業者サービス

メッセージ受付
■■■■様へ
●●●●様より
メッセージ
切手・ハガキ等の販売
50
80
レンタカー紹介やタクシー手配
TAXI
宅配便の発送取次ぎ
クリーニング取次ぎ
などなど管理人や管理会社が行うサービスを売りにしているマンションもあります
そういう内容も物件チラシに載ってたりするんですね
まるでホテル♪
はい

9 建物の構造の変化

マンションの耐震構造偽装が行われた姉歯事件以来、耐震構造が厳格化されたことで、新しいマンションほど中古マンションと比べると柱が太くなっています。柱が太くなればなるほど、居室面積が少なくなり、柱がある部分はなにかと使いづらい場所となります。そのため、マンション室内に柱がなるべくこないようにして、柱による納まりの悪さを解消しているマンションがみられます。それらは柱によるラーメン構造ではない壁工法のマンションや、柱によるラーメン構造ですが、柱を室外に出しているマンションなどです。また梁も室内に出っ張ってしまうマンションが多いのですが、最近は逆梁マンションが出てきていますす（逆梁とは、一般的な工法である梁の上にスラブ［上階と下階を分けるコンクリートの床版］がくる形式ではなく、梁の下にスラブがくる形式です。逆梁ですと、梁の上から居室の床を張って、床とスラブの間の空間に配管を通します）。

以下に最近のマンション建物の構造の変化について述べます。

(1) 免震構造

耐震構造は地震力を受けても壊れない（耐える）ものをいいますが、それに対して免震構造とは地震力をなるべく受けない（免れる）構造をいいます。具体的には地盤面で生じる地震を上部に伝えないように、ゴムなどの緩衝材を地震力を直接受ける基礎とその上の住戸部分との間に設けることです。

構造偽装の事件後
耐震構造が厳格化
されました
中古
新築
柱
厳格化
でも柱が太くなったら
そのぶん居室面積が
少なくなるんじゃない？
う〜ん 部屋の
真ん中のこの柱
ジャマだわ…
はい そういったことの
対応も含めて最近は
マンション建物の構造
も変化しています
それらを
いくつか
見ていき
ましょう
免震構造

(2) 壁式構造（工法）

壁式構造とは、柱や梁を使わず、建物の短手、長手方向にバランスよく構造壁があり、床構造を含めて全体が鉄筋コンクリートの箱のようになっている構造のことです。柱構造の建物では柱や梁の「線」で支える格子状の形態ですが、壁式構造は「面」としての壁面で支えるため、柱や梁の出っ張りがなく、すっきりとした居室内になります。柱が部屋内に出っ張っていて家具の納まりが悪い状態は、よく経験されることと思います。壁式構造だとそれがなくなります。ただし柱構造より、壁が厚くなります。

また、柱・梁構造の場合、柱と柱の間に一部構造壁を設けなければなりませんが、壁式構造と免震構造を組み合わせることにより、柱や梁がなく、さらに居室内に構造壁を設ける必要がなくなり、間取りの制約が少なく、自由度の高い空間設計が可能となります。開口部もフルハイトサッシ（床から天井までの高さのあるサッシ）の設置が可能なフル開口となります。このため、リフォームで間取りを変えたい場合、簡単にできるようになります。

従来は壁式構造の建物は4、5階建てが限度でしたが、技術の進歩により、中高層の建物も建てられるようになりました。

壁式構造は壁が耐震壁となっているので、その厚さは普通の鉄筋コンクリート造のマンションより厚くなります。壁が厚いことにより、遮音性能や断熱効果が増大します。

壁式構造とは構造壁と床で全体が鉄筋コンクリートの箱のようになっている構造のことです
柱構造
壁式構造
構造壁
出っ張りがないからお部屋がすっきりしますね
間取りの制約が少ないから空間設計の自由度も高いですよ
リフォームにも有利
耐震の方は大丈夫なんですか？
はい 壁が普通のものより厚い構造壁になっていますから
大丈夫！
またその副産物として遮音性能や断熱効果が増大します

(3) 二重床、二重天井

二重床とは、床スラブ（主に鉄筋コンクリートでできた床版）に直接床材を張るのではなく、根太（床スラブの上に並べる角材）などをころがし、空気層を作り、その上に床材を張るものです。二重天井も同様で直接床版に天井材を張るのではなく、吊り金具で天井材を吊り、床版と天井の間に空気層を設けることをいいます。空気層を設けることにより、断熱性、防湿性、遮音性の向上が図れます。また二重床の空気層内に給水管や排水管を引くことができます。新しいマンションでは、二重床、二重天井の採用により、上階の床と下階の天井との間を少なくとも６００㎜以上確保することが行われています。

従来のマンションですと、二重床は少なく、そのかわりに二重天井がありました。その二重天井の間に上階の住戸の給水管や排水管を通していました。そのため、漏水などが生じますと、下階の住戸が水浸しになり、下階の居住者に迷惑がかかりました。その修理のためには、下階の住戸の居住者（区分所有者）の許可を得て、天井裏を開けて修理をしなければなりませんでした。

新しいマンションは、二重床にすることにより、その間に自分の住戸の給水管や排水管を通すことができ、万が一のときでも下階の住戸に迷惑をかけずに修理ができるようになりました。

上階
床材
床スラブ（床版）
天井材
下階
ここに給水管や排水管を通す
新しいマンションでは二重床　二重天井を採用しています
上階と下階の間がずいぶんあるんですね
はい　少なくとも600㎜以上はあります
これにより断熱・防湿・遮音性が向上しますし
ピチャ
漏水などの際下階の住戸に迷惑をかけずに修理が可能となります

(4) アウトフレーム工法

アウトフレーム工法とは壁式構造ではなく柱・梁構造ですが、柱を室内ではなく、外側に出してしまう工法です。アウトは out で「外」という意味で、フレームは frame で「枠」という意味です。柱型が室内に出ないので、不必要な入り隅（コーナー）がなくなります。近年は、耐震に対する基準が厳しくなりましたので、新しいマンションほど柱が太くなりました。従来のマンションのように、住戸の専有部分の四隅に柱を設けると、室内側に柱の角が出っ張ってしまいます。その凸凹した隅は家具を置くにしても、すっきり納まらず、デザイン的に問題がありました。それがアウトフレーム工法により解決しました。

(5) ボイド・スラブ工法

ボイド・スラブ工法とは、コンクリート・スラブ（床版）に金属製の中空のボイド管を通し、それ自体で床や天井を支える梁の役目をさせたものです。この工法を採用することにより、部屋の中に小梁が突出したりせずに、すっきりしたレイアウトにすることができます。なおボイドとは void で「中空」を意味します。

従来のスラブに比べ、ボイド・スラブは剛性や強度に優れているといわれています。床スラブ厚さは、在来工法による旧公庫基準では、１５０㎜ですが、ボイド・スラブはそれを大きく上回る２５０～３００㎜が一般的な厚さです。また、強度だけでなく、床の音や振動が下の階に伝わりにくい構造とされています。

アウトフレームとは
柱を室内ではなく外側に出してしまう工法です
太くなった柱が住戸の中に出っ張ってたら嫌ですもんね
すっきり
ボイド・スラブ工法とは床スラブにボイド管を通して梁の役目をさせたものです
大梁
小梁
在来工法
これまた部屋の中に小梁が突出しないからすっきりですね
レイアウトの自由度が広がりますね～

10 その他

(1) 光触媒タイル

マンションの外壁に光触媒タイルを貼りますと、光触媒の働きでタイルの表面に付いた汚れや有機化合物や細菌などを分解し、それを雨水によって洗い流してくれるため、外壁の美しさを維持できます。

ところで、「光触媒」とはいったいなんでしょうか。光触媒とは、光を照射することにより触媒作用を示す物質のことをいいます。正式には光触媒活性物質といいます。「触媒」とは、光を当てることにより、光エネルギーを化学エネルギーに変換する生化学反応のことです。最もよく知られているのは植物の光合成反応です。植物の光合成反応とは、太陽光が植物に当たることによって、水と二酸化炭素を炭水化物と酸素に変えることです。

光触媒活性物質としてよく知られている物質に酸化チタンがあります。酸化チタンは光を照射することにより強い酸化作用と超親水作用を発揮します。この作用により殺菌効果や油などの汚れが付かない、雨が汚れを洗い流してくれるなどの効果が発生します。自動車のバックミラーや道路のミラーなどに酸化チタンをコーティングすることにより、水滴が付いてもすぐ流れ落ちるため、よく見えないということがなくなります。防曇技術といっています。

外壁に光触媒タイルを使っているマンションもあります
光触媒？
よく知られているのは酸化チタン
強い酸化作用と超親水作用を発揮します
バックミラーのコーティングなどにも使われてるよ
そのため殺菌効果があり汚れも根を張りにくく
雨が汚れを洗い流してくれるので外壁の美しさを維持できます

(2) 高齢化対応

わが国では平成20年において65歳以上の者がいる世帯は全世帯の41・2％を占めており、平成10年の33・3％と比べると大幅に増加しています。ちまたでは、高齢化社会到来といった話題が多いのですが、マンションで高齢者に対応した設計をしていることをうたった物件はほとんど見受けられません。そのことは、まだまだ高齢者を購買層のターゲットとしてみていないことを示していま す。車椅子の利用を考慮したマンションの物件チラシもあまり見かけません。専有部分では、当然、住戸から共用廊下、部屋同士、廊下から玄関への段差の解消、手すりの設置、ドアノブなど建具の開閉の容易さなどが高齢者対応マンションとして求められますが、あまりこれに気を配ったマンションは多くありません。特に、共用部分でのバリアフリー化をうたった物件チラシは、本当に少ないのです。

昔、大規模団地として建てられた5階建て以下の集合住宅にはエレベータがなく、住民の要望により新たにエレベータを設置することが、いろいろな団地で行われています。これもひとえに住民が高齢化したことによるものと考えられます。また、高齢化に伴い車椅子利用者や要介護者が増加していることにもよります。

現在、新しく建てられるマンションでは、5階建て以下でもエレベータが設置されています。しかし、段差をなくしてスロープ（斜路）にしたことを売り文句にしているマンションは多くはありません。

また、高齢化対応としては、前述（第2章27）の通称「バリアフリー新法」があります。

マンションでは高齢化対応をうたった物件チラシは少ないのが現状です
どうしてですか？
一つにはバリアフリー新法がマンションには義務となっていないこともありますが…
やはりこういう現状を示しているということでしょう
ターゲット
業者
ただかつては5階建て以下の集合住宅だとエレベータがなかったものですが…
①②③④⑤⑥⑦⑧
新しいマンションでは5階建て以下でも設置されていますよ

(3) アルコーブ

アルコーブとはalcoveで、辞書で引きますと「凹室」とか「凹所」とあります。最近のマンションでは、アルコーブは玄関に入る前の場所（空間）を指しています。一戸建ての家ですと、家の敷地には塀が巡らされて、その塀には扉付きの門が設けられています。その門を入ると、玄関までの間に屋根付きの空間があります。同様に最近のマンションのなかには、廊下から玄関に入る前に空間を設け、周りに柵状の塀と扉を設けて、扉を開いて入るようになっています。アルコーブは廊下と連なっていますので共用部分ですが、使い方は専用となっています。

「玄関ポーチ」という名称にしているマンションもあります。

(4) 静音シンク（静音流し）

静音流しあるいはサイレント・シンクなどといわれています。流しは、現在ほとんどステンレス製ですので、蛇口から水やお湯を流したとき、跳ね返り音や食器を置いた際の音などが大きいのです。その音は60デシベル程度で、騒がしい事務所レベルの騒音に相当します。それをなるべく低くするために、シンクの裏側に音の発生を抑える制振材などを貼り付け、さらに防湿材で覆う構造にしています。これにより水音が40デシベル、すなわち図書館程度の騒音に下がります。

アルコーブ
アルコーブ
トランクルーム
玄関
下駄箱
玄関ポーチともいわれています
そして静音シンクといったものを取り入れた新築マンションも多いです
シンクの裏側に音を抑える素材が貼り付けてあるんですね
これらのように昔と比べて変わってきたマンションの「今」を知ることで
中古も含めた物件の評価をより確かなものにすることができるでしょう

第5章　新築マンションから消えたもの

1 ダスト・シュート

ダスト・シュートのダストはdustで「ゴミ」を意味します。シュートはchuteで「落とし樋」という意味です。すなわち、各居住者が上階の各階からトンネル状の落とし樋にゴミを投げ入れますと、1階のゴミ置場に集積される装置です。各階の階段室などにダスト・シュートの口が設けられ、可燃ゴミを捨てられるマンションです。そのようなマンションは独自に焼却炉を持っているのが一般的です。しかし、近年の排気ガスの規制により、焼却炉を廃止するマンションが多くなり、併せてダスト・シュートも廃止しています。今では、ゴミも各自が地上階のゴミ集積場に出すか、各階の非常階段の踊り場などにゴミの収集場所を作って、そこに出して、管理人が集めるようになっています。

ダスト・シュートを廃止した理由として、もう一つ、マンション住民のマナーの悪さがあります。可燃ゴミ（紙くず）のみを出すようにというルールに反して、生ゴミやプラスチックゴミ、不燃ゴミを出したりするマナー違反が見られ、管理人が苦労することが増えてきたからです。

では今度は逆に昔はあったけど今はなくなったもの
つまり新築マンションから消えたものを挙げていってみましょう
まずダストシュート
各階からゴミを投げ入れると1階のゴミ置き場に集積されるものです
規制による焼却炉の廃止や住民のマナーの悪さなどから
缶も捨てちゃえ
ダスト・シュートも廃止の途をたどりました
私の小学校にもありましたよ!!
水捨て場になってたけど…
へ…へえ～

2 牛乳受け／その他

(1) 牛乳受け

かつては、牛乳屋が注文を受けて、毎日びん詰めの牛乳を届けていました。今はそのような販売方法はなくなったので、牛乳箱も無用の長物となっています。

(2) 出前用箱

食事に出前を取る家は、昔も今もあまり変わりがないようです。昔は蕎麦屋や中華料理屋、寿司屋が定番でしたが、現在はピザなども加わり、多様化してきました。一般的に出前の受け取りは居住者が直接受け取るのが基本ですが、食べ終わった容器は居住者が出前用箱に入れておけば、業者が勝手に回収していました。最近のマンションでは、宅配ボックスと同様なボックスを共用部分に設ける場合が多くなっています。

(3) 和室

なくなったわけではありませんが、和室を設けているマンションは減っています。初期共同集合住宅である同潤会アパートの居室は、ほとんどが和室でした。和室の場合は、畳、敷居、鴨居、長押、土壁、床の間、欄間、竿ぶち天井、襖、障子、雨戸、押入れなどが当然のことながら付属しています。材料がほとんど植物性のものを使っていますので、人間の感性にマッチしており、なぜなくなったか不思議です。しかし、一方でジャポニカの復活でしょうか、新築マンションのなかには和室を設けているものもあり、新たな復活も見られます。

牛乳受けもなくなりました
牛乳配達屋さんがいないですもんね
MILK
そして店屋物を取った後に
食べ終わった容器を入れておく出前用箱もなくなり
最近では宅配ボックスと同様なボックスを設ける場合が多いです
それから…なくなったわけじゃないですが
和室を設けるマンションも減ってますね
ふ〜ん
和室好きなんだけどな〜
やっぱタタミにコタツよ

3 押入れ／和室関連の装置

(1) 押入れ

和室が少なくなったのと併せて、押入れも少なくなりました。もちろん収納がなくなったわけではなく、ベッドで眠ることが多くなったため、布団を入れるほど奥行がいらなくなったわけです。新しいマンションでは、押入れではなくクローゼットという名称が多く使われています。前述したように、ウォーク・イン・クローゼットなどです。

(2) 和室関連の装置

和室や押入れが少なくなったことと併せて、障子や襖も少なくなりました。しかし、近年の新しいマンションには、部屋と部屋との境に扉ではなく襖のような引戸を採用して、開放すれば2部屋が一体となるようにしているものもあります。扉より引き戸のほうが、スペースの利用としては便利なことも一因です。

障子も、デザインとして取り入れているマンションはあります。襖の上にあった欄間も少なくなりました。もちろん掘り炬燵はマンションの床を掘り下げるのは難しいのでなくなりました。床の間も和室が少なくなったことで少なくなりました。また従来、和室と洋室は段差を設けていたのですが、和室が少なくなることで、そのような段差も少なくなりました。高齢化が進展していますので、むしろ段差がないほうが好まれています。

押入れ
障子や襖など
和室が少なくなったのと併せてこれらも当然あまり見られなくなりました
なんかざんねんね
ただ かつてのような住戸内の段差が少なくなりましたから
和室と洋室との間の段差
これは高齢化社会になってむしろ好まれているところです

第6章　間取り図（見取り図）の見方

1 部屋名

物件チラシの間取りの図面には、よくわからない言葉やアルファベットの省略文字があります。

(1) L (Living Room)

リビング・ルーム(Living Room)で居間です。昔は茶の間などといっていました。一家団欒の部屋です。今は客間・応接間などともいいます。

(2) D (Dining Room)

ダイニング・ルーム(Dining Room)で、食事室あるいは食堂です。昔は茶の間などといっていました。一軒家であれば、掘り炬燵がありましたが、マンションでは、なるべく階数を多くして、多くの住戸を売りたいので階高が低くなっており、掘り炬燵を設けるのは難しいのが現実です。

(3) K (Kitchen)

キッチン(Kitchen)で台所です。厨房、調理場、炊事場などともいいます。古くはお勝手などともいいました。

(4) LD (Living Dining)

リビング・ダイニング(Living Dining)で居間と食堂が一緒になった部屋をいいます。これこそが昔ながらの茶の間です。

(5) DK (Dining Kitchen)

ダイニング・キッチン(Dining Kitchen)で、食堂と台所が一緒になった部屋をいいます。比較的はやっているオープン・キッチンの場合はこのDKになります。その具体的なイメージは、カウンター式の料理屋を思い出せばよいでしょう。

(6) WC (ウォーター・クローゼット:water closet)

誰でも知っているトイレ・洗面所のことです。

英語のウォーター・クローゼットの略です。もっとも、日本人にとってはダブルシーのほうが通じるようです。トイレとも書いてあります。トイレット（toilet）の略です。もともとはフランス語で「トワレット」と発音します。

(7) バスルーム（bath room）

浴室のことです。風呂場ともいいます。最近は欧米スタイルでウォーター・クローゼットと一緒になっているマンションも多くなりました。

(8) パウダー・ルーム（婦人用化粧室：powder room）

パウダーとは「粉末」を意味します。すなわち女性がおしろいなどの粉末を利用する部屋の意味です。もともとはホテルや劇場の高級感ある洗面所を意味していました。マンションの洗面室を高級なイメージにして、このパウダー・ルームという名称を使っています。

(9) アルコーブ（alcove）

前述したとおり、最近のマンションではアルコーブは玄関に入る前の場所をいっています。庭付き一戸建て住宅のように、道路（マンションの場合は廊下）から玄関に入る間の空間を意味しています。古くは露（路）地などといっていました。もちろん扉（門扉）が設けられています。ポーチ（porch）ともいいます。

(10) ポーチ（porch）

アルコーブと同じです。オープン・ポーチともいいます。オープン・ポーチの場合は特に外玄関（扉）が付いている場合が多いです。

(11) 玄関

文字どおり、マンションの住戸の入口です。ところでマンションの特徴は、住戸への入口は1箇所だということです。一軒家のように、玄関のほかに勝手口があるマンションはほとんど見かけません。もしあるとすれば、もともと2軒だった住居を片方の住戸の所有者が買い取って1戸の住戸としたもので、買い取った住戸の玄関を勝手口としたものです。

⑿ ホール（hall）

玄関のことをホールといったりします。玄関と廊下を含めてホールと記述しているマンションもあります。洋館ではホールはかなり大きなものですが、もちろんマンションでそのような面積を確保することはできません。

⒀ ロフト（屋根裏部屋：loft）

新築マンションでロフトと表示されている箇所（点線などで示してある）がありますが、中2階などを設けて、ロフト空間を作っているものです。マンションでは、かなり天井を高くしなければ、ロフトを作るのは難しいのです。したがって、ロフトは屋上階などに設けている例が多いです。

⒁ デン（den）

最近の傾向として、間取りの中にＤＥＮ（デン）と呼ばれるスペースが設けられていることがあります。ＤＥＮとは英語で「ほら穴」「隠れ家」を意味し、実際には採光面が少なく、面積も小さく、居室にはできないスペースで、書斎や収納など多目的に利用されることが多い部屋です。デンの本来の意味は、野獣などの巣やほら穴、動物の檻などですが、間取りでは、こじんまりして気持ちよく使える部屋を意味します。たしかに野獣にとって、巣は気持ちのいい安心な場所なのでしょう。使われ方としては書斎や仕事部屋、趣味室などに使われます。建築基準法上、居室は外に開いた開口部を必要としますので、窓がとれない部屋にこの名称を付けたのです。

⒂ 寝室

主に世帯主の寝る部屋を想定して、一番大きい居室が寝室と書かれている事例が多いです。

⒃ 洋室・和室

その他の部屋については、洋室とか和室とか書かれています。

物件チラシの間取り図って
よくわからない言葉や
アルファベットがありますよね
はい　ではこの章では
それらを解説しましょう
玄関
下駄箱
洋室
(2)
洋室
(1)
物入
クローゼット
DEN
トイレ
リビング
ダイニング
キッチン
バルコニー
何か気になる
言葉はありま
すか？
うーん
DENって
何ですかね？
もともとはほら穴とか
隠れ家のことで
採光面がなく　こじん
まりした部屋を意味
しています
ふ～ん
僕の書斎
にしよう!!
う～ん

2 設備関係

(1) PS (pipe shaft)

パイプ・シャフトの意味で、マンションの場合は縦に住戸が重なっているので、縦方向に排水管や水道の給水管、電線などを通す必要があり、それらの管を収納している縦方向の筒と考えればよいでしょう。このPSがあるほうが、よいマンションです。というのも、PSがないと、建物の柱の中を管が通っていたりして、排水管が老朽化して腐食したり、損傷した場合に修繕が難しいという問題があるからです。

(2) DC (dust chute)

ダストシュートのことです。新しいマンションではほとんど見られません。

(3) MB (meter box)

メーター・ボックスです。水道や電気、ガスなどのメーターが収納されているところです。各会社の検査員が使用量などを見やすいように、一般的に共用部分の廊下に面して設置されています。

(4) 給水、給湯、ガス管

一般的にはメーター・ボックスだけしか記載されていませんが、たまにベランダに給水栓が描かれた間取りがあります。ベランダに給水できることを強調したものです。その場合はスロップ・シンクが設置されている場合が多いです。スロップ・シンクについては前述しました。

PSって何ですか？
MB・PS
パイプ・シャフト（pipe shaft）のことです
配管や配線を縦方向に設置する際　それらを収納する筒と考えればいいでしょう
PSがないと柱の中を管が通っていたりするので修繕も難しいのです
じゃPSがあるほうがよいマンションといえそうですね
MBとはメーター・ボックス（meter box）のことです
共用部分の廊下に面して設置されるのが普通です

3 収納関係

(1) WーC（ウォーク・イン・クローゼット：walk in closet）

先に述べましたが、ウォーク・イン・クローゼットで、人が歩いて入れる洋服ダンスという意味です。WTC（walk through closet）ウォーク・スルー・クローゼットともいいます。

(2) 下足入れ、下駄箱

もちろん、昔ながらの下足入れや下駄箱ですが、特に中古マンションの間取りに多く見られます。

(3) トランク・ルーム（TR：trunk room）

これは床から天井までの収納という意味のようです。スキーなど長いものを入れるのに便利です。

(4) SーC（シューズ・イン・クローゼット：shoes in closet）

先に述べましたが、下足入れがある部屋を意味し、靴を履いたまま入れるという意味です。旅館やホテルなどにある下足室と思えばいいでしょう。最近は、所有する靴の数が増えており、玄関の傍らにある下足箱では入りきらないことを考慮した部屋です。マンションによってはシューズ・イン・クロークと名づけています。

(5) パントリー（食料品置場、食器室：pantry）

原義は食料品置場や食器室ですが、わが国のマンションでは家事室といってよいでしょう。

収納関係の省略文字としてはこのようなものがあるでしょうか
WIC
ウォーク・イン・クローゼット
(walk in closet)
TR
トランク・ルーム
(trunk room)
SIC
シューズ・イン・クローゼット
(shoes in closet)
WICは
WTC（walk through closet）ともいいます
SICは靴を履いたまま入れる収納ですよね？
そうです
こういうことではないですよね？
あ～忘れものしちゃった…
ヒザ痛い…
ち…ちがいます

⑹ 押入れ、物入れ

押入れ、物入れは古くから間取りの常連です。和室で典型の天袋付きももちろんあります。押入れを「クローゼット」と記載しているマンションもあります。

⑺ 納戸

納戸も古くからの収納です。

⑻ ミラー・キャビネット（mirror cabinet）

洗面室にある鏡の扉の付いた物入れ（キャビネット）を意味します。

⑼ カウンター式キッチン

カウンター式キッチンとは、壁側ではなくカウンターの背後に調理器具があり、そこで作った料理を直接、前のカウンターに並べ、そこで食事をする方式です。いってみれば、寿司屋のカウンターと同じです。調理台がカウンターの後ろにありますので、その上の天井に換気口が設けられます。

⑽ コート・クローク（coat cloak）

来客用の上着をかけて収納する部屋です。

⑾ リネン庫

本来のリネン（linen）の意味は「麻の布」ですが、リネン庫といいますと、お風呂で使うタオルとか食事で使うテーブルクロスとか、シーツとかを収納する場所を意味します。

他に収納関係で気になる言葉はありますか？
え～っと
リネン庫…ですかね？
スイスとフランスとの国境にあるアルプス地方最大の湖
面積は584㎢…
…ってそりゃレマン湖
つっこめないわ!!
むずかしすぎて
く…くるしい
え～っとリネン庫とはタオルやテーブルクロスやシーツなどを収納する場所ですね
本来リネン(linen)とは麻の布のことですが
この空間もくるしい

4 外部空間

(1) 駐車場（パーキング：parking）

「駐車場100％」などと書いてあるマンションがあります。これはマンションの戸数に等しい台数の駐車場があるという意味です。さらに「＋2台（来客用）」なども記載されています。これは来客用に予備の駐車場が2台分ありますよという意味です。屋根があるかどうかが重要な選択肢になります。屋根があるとないとでは、自動車の耐用年数が違ってきます。当然、屋根ありと屋根なしでは駐車料金に差がありますので、その辺を明確にする必要があります。

(2) 駐輪場

「駐輪場200％」などと書いてあるマンションがあります。これはマンションの戸数の倍の台数の自転車が置ける駐輪場があるという意味です。すなわち1戸当たり2台自転車が置けるという意味です。地域によっては自転車がブームとなっており、駐車場よりも駐輪場の保有台数のほうが関心を集めているところもあります。

(3) バイク置場

最近はバイク置場を備えているマンションも増えています。

(4) 専用庭

1階の住戸の前にある庭です。このような専用庭を持つことの良しあしについてはすでに述べました。

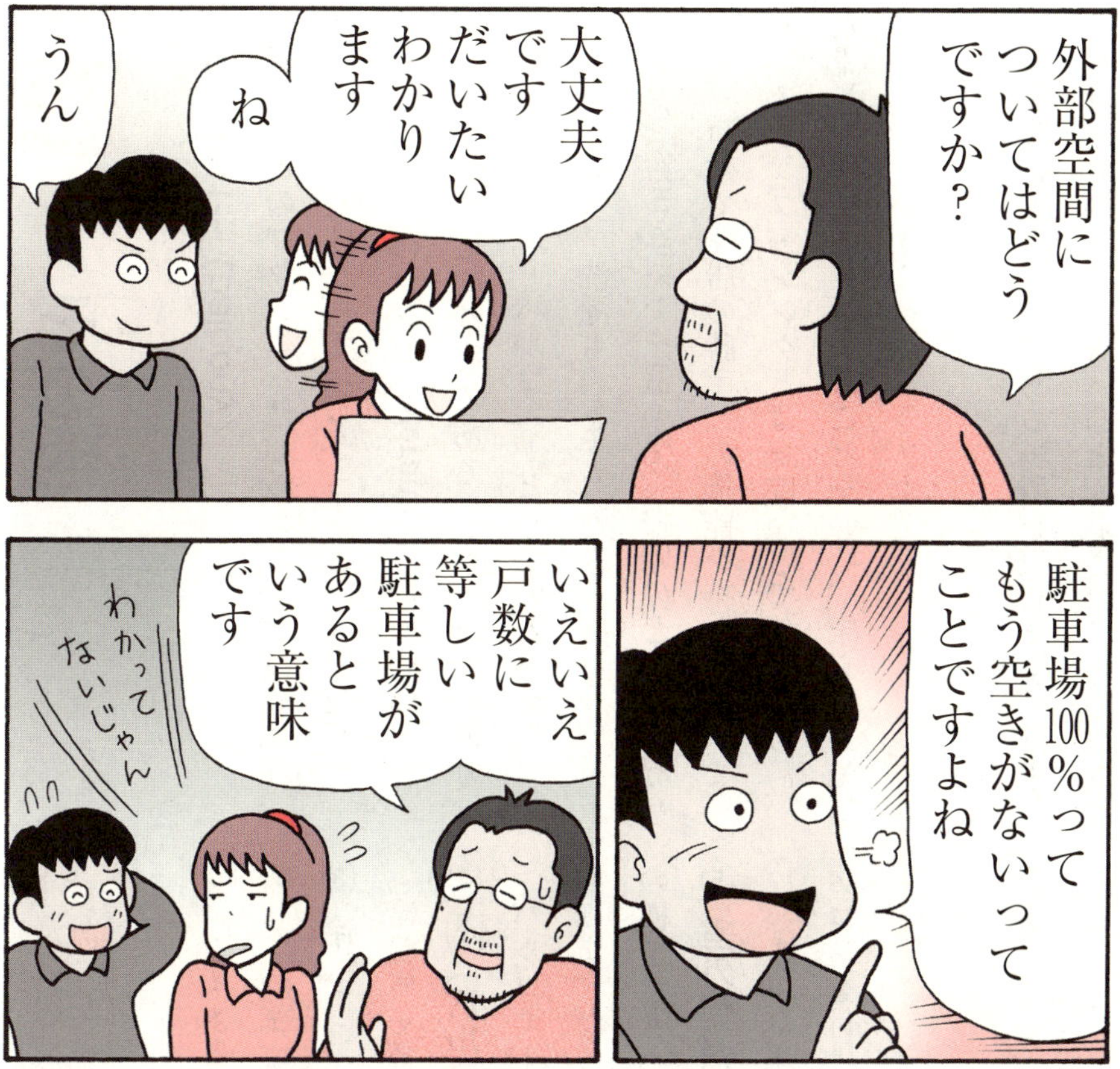
外部空間についてはどうですか？
大丈夫ですだいたいわかります
ね
うん
駐車場100％ってもう空きがないってことですよね
いえいえ戸数に等しい駐車場があるという意味です
わかってないじゃん
屋根ありか屋根なしかで駐車料金に差が出ますし
自動車の耐用年数が違ってきますので目的に合わせてしっかり確認しましょう

5 その他

(1) バルコニー（balcony）

ほとんどのマンションにバルコニーが設置されています。名称としてバルコニーという表記が多いのですが、ベランダ（veranda）あるいはテラス（terrace）と記載してあるマンションもあります。サービス・バルコニーとしているマンションもあります。洗濯ものを干したり、スロップ・シンク（slop sink）を置いて、掃除のときに使うなど一戸建て住居の勝手口の機能を持たせていま す。スロップ・シンクとは病院などで使われる汚水流しの大型のシンクのことをいい、床を拭くモップなどを洗うことができます。

(2) 洗

洗濯機を置くパンがある場所を表します。排水口が付いています。W／Dと記載されているマンションもあります。Wは洗濯機でDは乾燥機を意味しています。

(3) 冷

冷蔵庫を置く場所です。

(4) ☒（バルコニーの四角の枡）

バルコニーに四角の枡が書いてある間取り図がありますが、これは火災時に階下に避難するための梯子付きハッチです。

(5) 室外機置場

バルコニーや共用廊下に記載されています。エアコンを付けるときに、室外機を置く場所です。

他に何かありますか？
このバルコニーに付いてるものは何ですか？
バルコニー
それは避難用ハッチです
室外機置場
室外機置場が記載されている場合もあります
ほう
ちなみにバルコニーは
ベランダあるいはテラスと記載してあるものもありますよ

(6) CB（カーテン・ボックス：curtain box）

窓の前に記載されています。カーテン・レールを隠すカーテン・ボックスが付いていることを意味しています。

(7) ルーバー面格子

窓の傍に記載されています。ルーバー（日除け：louver）が付属していることを意味します。ガラリ戸などともいいます。

(8) 床暖房位置

主にリビング・ルームに点線や色を変えた実線、あるいは塗りつぶしで囲った範囲が出ていますが、それは床暖房が設備されている範囲を表しています。

(9) 方位

まれに、物件チラシのなかに方位が示されていない物件もあります。方位は極めて重要なマンションの選択基準なので、記載する必要があります。バルコニーを南に向けるのが一般的ですが、敷地の形状や周辺の建物の状況などにより、南に向けられない物件もあります。好みによりますが、朝日が入るのを好む方は、バルコニーが主に東に面しているマンションがよいでしょう。西日を好む方は、バルコニーが主に西に面しているマンションがよいでしょう。滅多にありませんが、バルコニーが北に面しているマンションもあります。1年中暗いので避ける人が多いのですが、まれに健康上の理由からなるべく日光を避けなければならない方や、日中はほとんど不在にしているため日照にこだわりがない方などで、北向きを好む方がいます。

CB つまりカーテン・ボックス(curtain box)やルーバー面格子といった窓周辺・日除などとともに
重要な記載内容として方位があります
こういうのですね?
N
はい
一般的にバルコニーは南向きに設計しますが
そうできない状況もあり得ます
あるいは逆に東・西・北向きを好む方もいらっしゃいますし 方位はそれくらい大切ですが
紫外線苦手なんだよね
まれに記載がない物件チラシもあるので注意しましょう
北向き

⑽ **畳**

部屋名の下に何畳と書いてある物件チラシがあります。何畳と書いてあることによって、年配の方であれば部屋の広さを実感できます。アルファベット表記も増えていますが、そのような物件広告では、例えば（≒12・6J）と書かれている場合があります。約12・6畳という意味です。

⑾ **CH（ceiling height）**

「天井高」という意味です。このCHのあとに2、500とか数字が入っています。この場合は2500㎜で天井高2・5mということになります。

⑿ **FIX**

窓のところに書かれていますが、開閉ができない窓で、はめ殺し窓を表します。英語で「FIX」とは「固定」という意味です。

⒀ **棚（shelf）**

収納ではなくて、文字どおり棚があるということです。

⒁ **ウォール・ドア（wall door）**

間仕切りですが、開閉可能な扉になっているという意味です。取り外し可能なパネルになっているのか、左右に開閉する戸になっているのかは、確かめないとわからない場合が多いようです。

⒂ **動線**

動線とは行き来ができることを意味し、矢印の付いた線で表している物件チラシがあります。

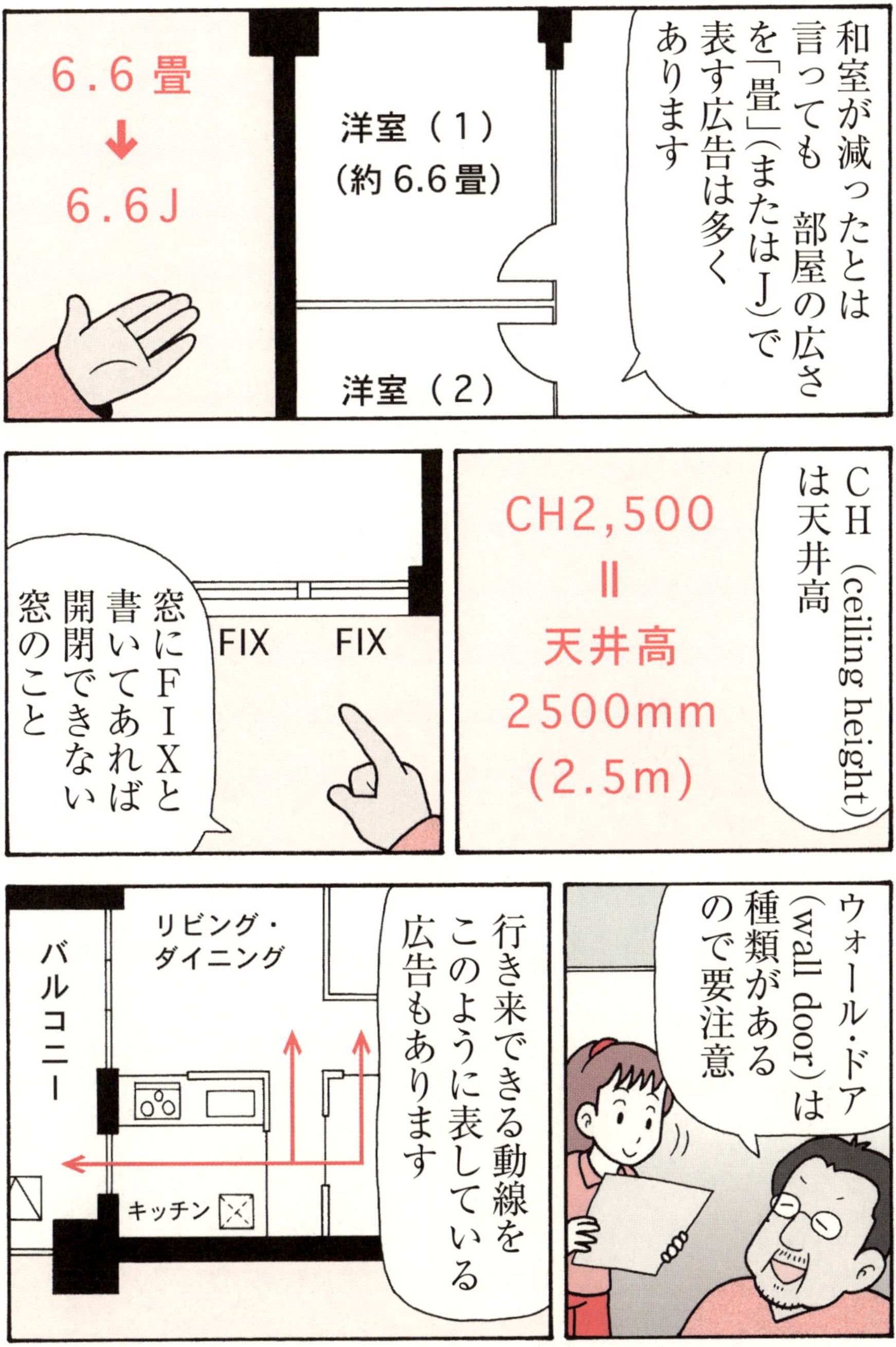
和室が減ったとは言っても　部屋の広さを「畳」(またはJ)で表す広告は多くあります
6.6畳
6.6J
洋室（1）
(約6.6畳)
洋室（2）
CH（ceiling height）は天井高
CH2,500
天井高
2500mm
(2.5m)
窓にFIXと書いてあれば開閉できない窓のこと
FIX
FIX
ウォール・ドア（wall door）は種類があるので要注意
行き来できる動線をこのように表している広告もあります
リビング・ダイニング
バルコニー
キッチン

第7章　マンションの内容に関わるマーク

1 角部屋／その他

内容が瞬時にわかるように各種のマークが考案されています。

(1) 角部屋

マンションの建物の端にある住戸であれば、2面に窓やバルコニーが設けられる部屋ができます。このような部屋を角部屋といいます。すなわち2面から採光が得られ、眺望も2方向が得られます。もちろん周辺の建物の状況にもよりますが。

(2) 全室採光

間取りによっては、まれですが、全く採光の得られない部屋がでてきます。建築基準法上は、そのような部屋は居室として認められません。したがって、収納部屋とかデンなどにしています。それに対して、すべての部屋が採光可能であることは、住戸としてはグレードが高いことになります。

(3) 浴室に窓有り

浴室に窓があることがいいことなのかどうかわかりませんが、最近のマンションではガラス張りの浴室が、マンションの売りになっている物件もあります。風呂につかりながら眺望を楽しむためや換気の目的で設けられています。共用廊下側に浴室があるマンションも少なくありません。その場合は不法侵入を防ぐために格子を設けてあり、もちろんのぞかれないように、ガラス戸であればスリガラスなど不透明ガラスを使用しています。

さてマンションの物件チラシには内容が瞬時にわかるように
各種のマークが考案されていますので見ていきましょう

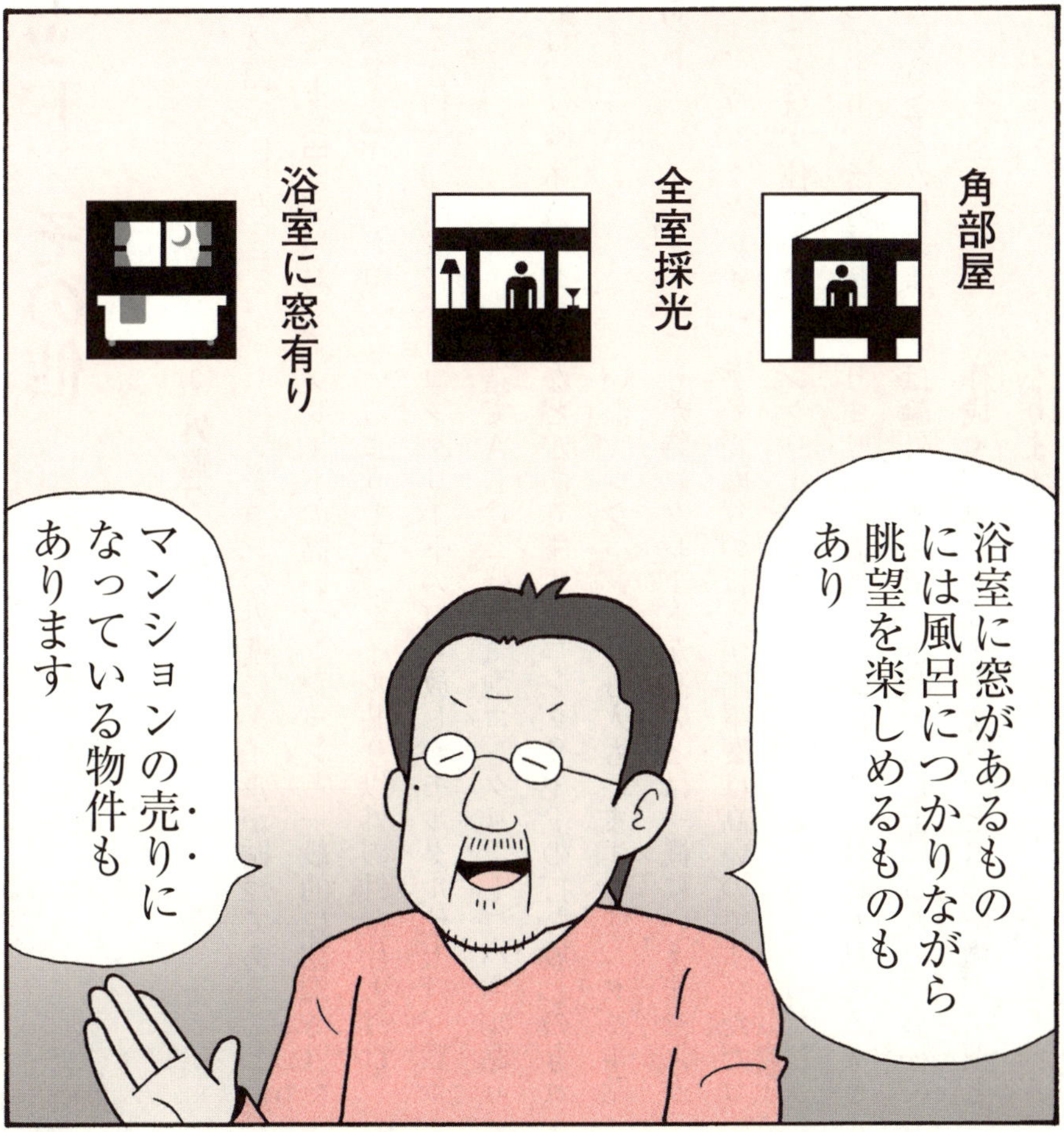
角部屋
全室採光
浴室に窓有り
浴室に窓があるものには風呂につかりながら眺望を楽しめるものもあり
マンションの売りになっている物件もあります

2 メゾネット／その他

(1) メゾネット

メゾネットとは、元はフランス語で maisonette と表記し、1階建ての住戸フラット（flat）に対して、「複層の住戸」という意味です。マンションでは、2階分を1戸にしている住戸で、階段によってつながっています。

このマークのあるマンションは、メゾネットタイプの住戸があるという意味です。

(2) ウォーク・イン・クローゼット

内容はすでに説明しています。ウォーク・イン・クローゼットがあるということは、住戸面積に余裕があるということを示しており、その意味でグレードの高いマンションということがいえます。

(3) 外壁タイル貼り

マンションの外壁にタイルが貼ってあることは、グレードの高いマンションと一般的に認識されているようです。タイル貼り以外の外壁仕上げは、コンクリートの打ち放しかモルタル仕上げ、鉄骨造でALC（軽量気泡コンクリート）パネル貼りなどがあります。コンクリートの打ち放しのきれいなマンションを好む人もいますので、タイル貼りが特にグレードが高いとは一概にいえませんが、タイル貼りのほうが工事費は高いのです。ただコンクリート打ち放しが安いかというとそうではありません。表面に穴があって、骨材が見えるなどは論外ですので、きれいに仕上げるための型枠の作成や、コンクリートを打つときの配慮が必要となります。

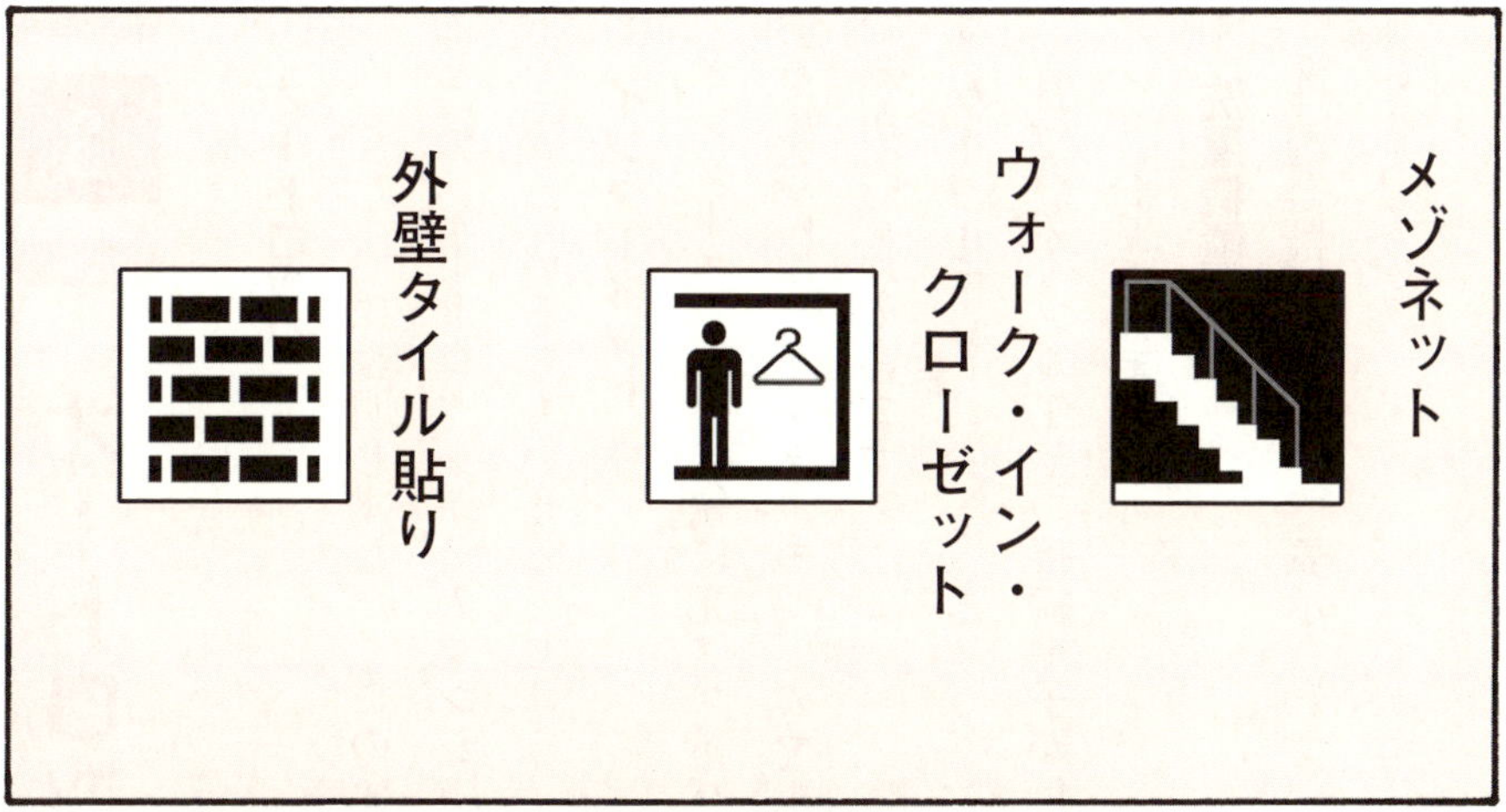
メゾネット
ウォーク・イン・クローゼット
外壁タイル貼り

外壁がタイル貼りですとグレードの高いマンションと一般的に認識されているようです
実際 工事費は高くなります
それ以外ですとコンクリートの打ち放しモルタル仕上げＡＬＣパネル貼りなどがあります

3 オートロック／その他

(1) オートロック

内容はすでに説明しました。このマークがあることは、オートロックがそのマンションのグレードを示しているともいえるでしょう。

(2) インターネット

インターネットの接続に光ファイバーの導入がある場合には、インターネットのマークの下段にそれが記されています。

(3) ケーブルTV

有料のケーブルTVの接続端子が付いているマンションを示します。

(4) 洗濯機置場

洗濯機置場もマークで表示されているケースが多いようです。

(5) 事務所相談

事務所使用は相談によるというものです。管理組合に申請が必要な場合が多いようです。

(6) 緊急地震速報サービス

気象庁による緊急地震速報は、平成19年（2007年）10月1日から一般の住居への提供が開始されました。気象庁では地震の初期微動を検知し、強い揺れが来る前に推定震度や予想到達時間をマンションの各住戸のインターホーンから音声で通報します。ただし、このサービスが可能なのは、CATV（民間の情報配信会社）などの受信端末が設置されているマンションとなります。

緊急地震速報サービスが整備されているマンションでは、黄色いナマズが描かれている標章が物件チラシに記載されています。

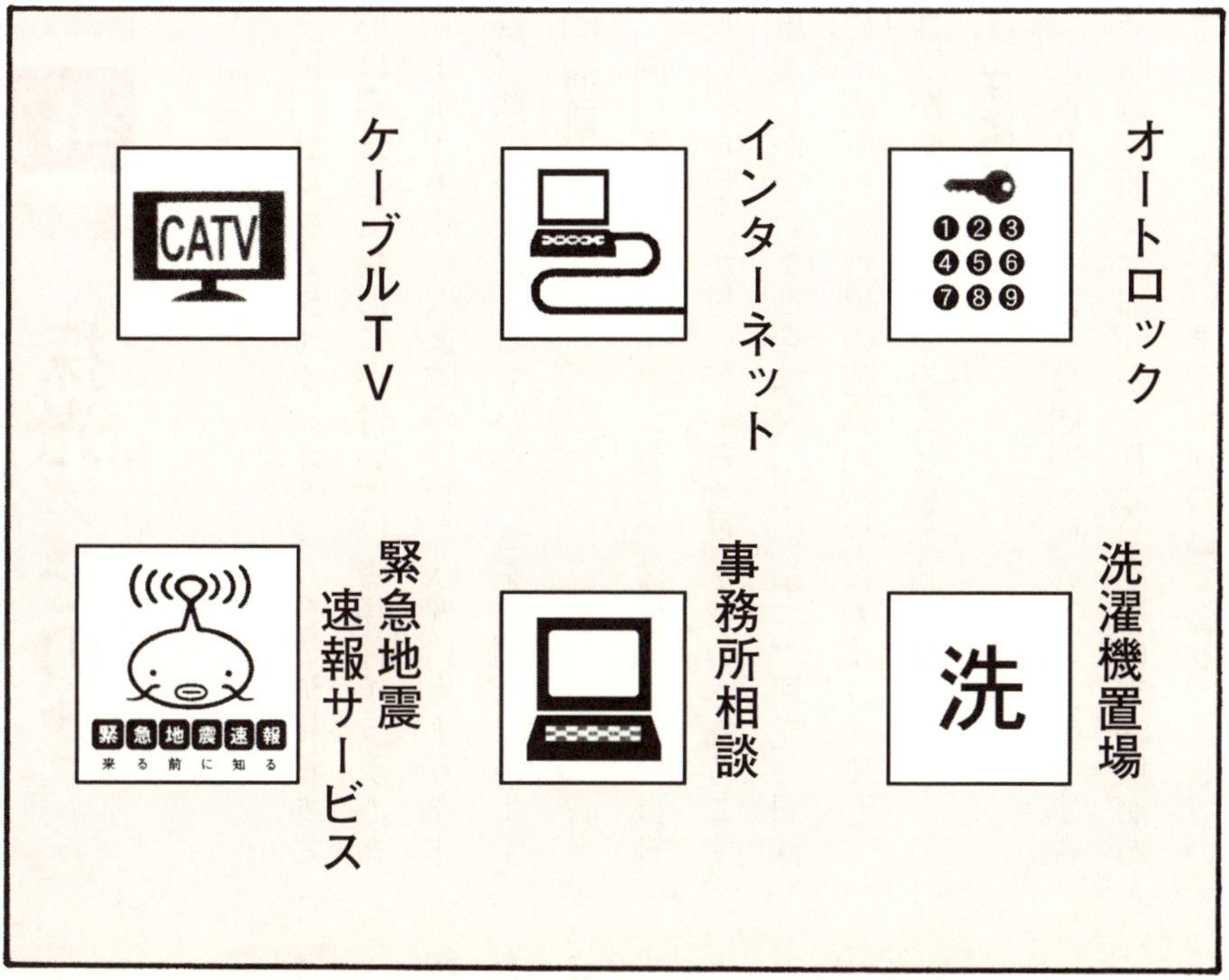
オートロック
123
456
789
インターネット
ケーブルTV
CATV
洗濯機置場
洗
事務所相談
緊急地震速報サービス
緊急地震速報
来る前に知る

緊急地震速報サービスが可能なのは
インターホーン
ポンポーン
ポンポーン
CATVなどの受信端末が設置されているマンションとなります

4

採光／その他

(1) 採光

開口部に採光マーク（オレンジ色の波模様あるいは細長い三角形）が付いている物件チラシもあります。実際には近隣の建物の状況にもよりますが、採光が確保されていることを強調しています。

(2) 通風

開口部に通風マーク（青色の波模様あるいは細長い三角形）が付いている物件チラシもあります。風通しがいいことを強調しています。採光と同様に、実際には近隣の建物の状況にもよりますが、通風が確保されていることを強調しています。

(3) 床暖房

前述したように主に居間の床の上に点線や実線で四角く囲った部分があれば、そこに床暖房があることを示しています。別の色で塗りつぶしている場合もあります。

(4) 動線

人が容易に歩いて行き来できることを強調して線と矢印で表現しています。多くの場合は便利さを表しています。例えば、台所から食事をするところまでの経路の短さなどです。特に高齢者が多くなると、なるべく住戸内の歩行移動を最小限にとどめたいと考えるようになります。

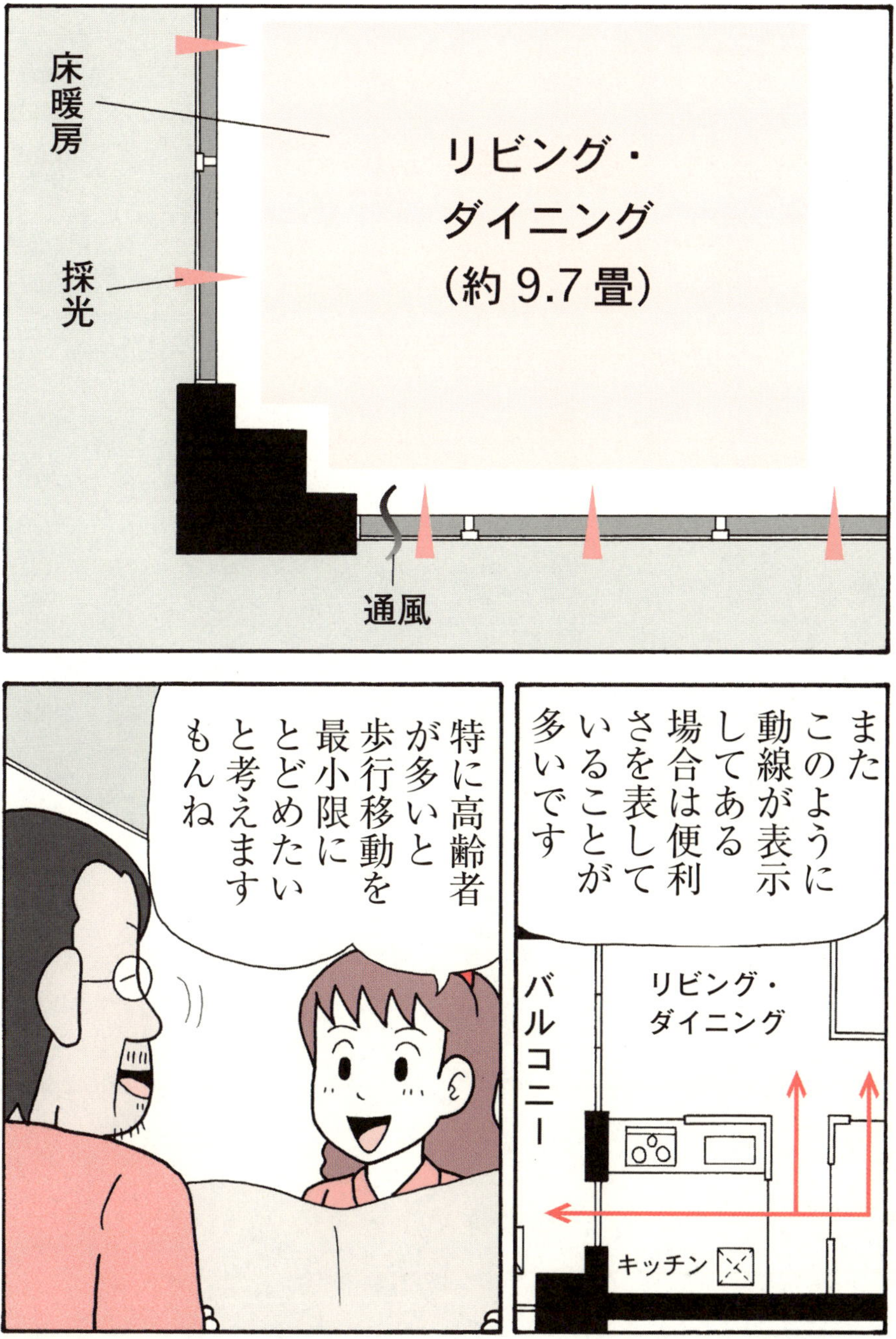
床暖房
採光
リビング・ダイニング（約 9.7 畳）
通風
またこのように動線が表示してある場合は便利さを表していることが多いです
バルコニー
リビング・ダイニング
キッチン
特に高齢者が多いと歩行移動を最小限にとどめたいと考えますもんね

第8章　各種性能評価書の取得

1 住宅性能表示制度／住宅性能保証制度

⑴ 住宅性能表示制度

「住宅性能表示制度」とは、その名のとおり住宅の性能を表示する制度です。平成12年（2000年）4月に施行された法律「住宅の品質確保の促進等に関する法律（以下、略して住宅品確法）」により等級でランク付けをしたり、性能を具体的な数値で表すなど、どんな性能をどのように評価して表示するかを国が定めています。この制度は義務ではないので、すべての住宅で表示されるわけではありません。住宅品確法では、以下のような10の性能に大きく分類して、表示項目を決めています。

① 構造の安定に関すること（後述する耐震等級）
② 火災時の安全に関すること
③ 劣化の軽減に関すること（後述する劣化対策等級）
④ 維持管理・更新への配慮に関すること（後述する維持管理対策等級）
⑤ 温熱環境に関すること（後述の省エネルギー対策等級）
⑥ 空気環境に関すること
⑦ 光・視環境に関すること
⑧ 音環境に関すること
⑨ 高齢者等への配慮に関すること（後述する高齢者等配慮対策等級）
⑩ 防犯に関すること（後述する防犯性の高い建物部品の開発・普及に関する官民合同会議）

評価の結果は、設計段階の「設計住宅性能評価書」と、建物が完成した段階の「建設住宅性能評価書」として交付される仕組みです。設計住宅性能評価書は、モデルルームなどで見せてもらえます。

新築住宅だけでなく中古住宅でも表示される項目があります。平成14年（２００２年）４月より、先の住宅品確法により、既存住宅の住宅性能表示制度ができました。新築用の「設計住宅性能評価書」と「建設住宅性能評価書」のほかに、既存住宅用の「建設住宅性能評価書」が交付されるようになりました。それぞれマークが違います。もちろん一戸建て住宅のみならずマンション（共同住宅）でも、当然のことながら表示されます。既存住宅の「建設住宅性能評価書」では、③の劣化の軽減に関すること、⑤の温熱環境に関すること、⑧の音環境に関することの評価はありません。したがって、７つの大項目の性能について評価します。

いろいろな項目で等級が付けられていますが、等級数が大きいほど性能が良いことを表します。例えば耐震等級では、等級１は現行の建築基準法レベルの耐震性能を満たす水準です。現在の新築マンションは標準的にこれを取得しています。さらにその上の性能は住宅品確法による住宅性能表示制度で設けられた等級２と等級３です。等級２は等級１の１・25倍、等級３は等級１の１・５倍以上の耐震性能を備えているとされています。等級数だけをいわれても、一般消費者はなんのことやらさっぱりわかりません。一応、等級１が基本で、２つの評価基準があり、１つ目は極めてまれに（数百年に1度程度）発生する地震による力に対して倒壊・崩壊等しない程度の構造躯体であることです。２つ目はまれに（数十年に1度程度）発生する地震による力に対して損傷が生じない程度の構造躯体であることです。すなわち極めてまれな地震に対しては、構造躯体は損傷しますが、倒壊や崩壊等はしないので、一応人命が損なわれることがないことが基本となっています。等級1より上の等級は先に述べたように、等級2は等級1の1・25倍、等級3は等級1の1・5倍の耐震性能を保持しているという意味にすぎません。したがって、等級3であれば、最初の評価の極めてまれに発生する地震に対しても倒壊・崩壊はおろか、損傷もないほど強い建物かもしれませんが、具体的には説明されていません。ところで中古住宅（マンション）の場合は、建築年度が古ければ現行の建築基準法レベルの耐震性能を満たしていない場合がありますので、等級0が設けられています。また、地震保険の保険料割引制度とリンクしており、等級1なら1割、2で2割、3で3割、それぞれ保険料が割引になります。

(2) 住宅性能保証制度

前述の住宅品確法に基づき「性能評価書」が付けられた住宅を購入した人に、その住宅を設計、建設した業者が登録業者となって、その住宅の瑕疵に対して、最長10年間保証する制度です。したがって、住宅性能保証制度が利用できるマンションは、それができないマンションより高くなる場合があります。

住宅の品質確保の促進等に関する法律（住宅品確法）が施行されたことにより
住宅性能表示制度ができました
それによってこれらが交付されるようになりました
新築用
設計段階
「設計住宅性能評価書」
建物完成段階
「建設住宅性能評価書」
既存住宅用
「建設住宅性能評価書」
それって私たちに何かメリットがあるんですか？
はいそれらが付けられた住宅を購入した人には…
その住宅の瑕疵に対し最長10年間保証する制度なんです
価格が高くなることもありますが…

2 「防犯性の高い建物部品の開発・普及に関する官民合同会議」による製品

住宅等の建物に侵入する犯罪が増加していることから平成14年（2002年）11月に「防犯性の高い建物部品の開発・普及に関する官民合同会議」が設置されました。薄い緑のCと濃い緑のPをあしらったCPマーク（共通標章）は、「防犯性の高い建物部品の開発・普及に関する官民合同会議」で定められた防犯性能試験に合格した製品であることを示すマークです。マンションの物件チラシでこのマークの表示がある場合は、CPマークのある製品を使用していることをアピールしています。CPマークのある製品とは、想定される侵入手口による攻撃に対し、5分以上防ぐことができる製品のことです。ただし、5分とは「当分の間」ということで、今後はもっと長くなるかもしれません。なぜ5分になったかといいますと、侵入犯罪の典型的類型である侵入窃盗の被疑者を対象とする調査において、「侵入するのに時間が5分以上かかれば侵入をあきらめる」と回答したものが約7割に上るという結果を参考にしています。なお、CPマークのCとは「crime（犯罪）」、Pとは「prevention（防止）」を意味しており、「防犯」という意味になります。

防犯性能試験は平成15年中に行われ、それが平成16年（2004年）に目録として発表されています。以後、順次、新しい製品に対して防犯性能試験が行われ、試験に合格したものが目録に追加されています。製品としては侵入が想定されるドアや窓、シャッターなどの開口部の部品が対象となっています。

質問
あなたは侵入するのに何分以上かかったら侵入をあきらめますか？
ボタンを押してください
おお!!最も多い解答は5分以上という結果になりました——!!
5分以上
70
%
…とこんな調査方法がとられたかどうかは不明ですが
物件チラシにCPマークがある場合
CP
その製品は想定される侵入手口に対して5分以上防げる性能を持つということを意味します

3 省エネルギー対策等級

住宅性能表示制度による、建物の断熱性能など省エネルギー対策の度合いを示す等級です。全国を6地域に分けて等級1～4で表示します。等級4が一番省エネルギーの度合いが高く、次世代省エネルギー基準に対応しています。地域分けは以下のとおりです。

1地域：北海道など
2地域：北東北など
3地域：南東北など
4地域：関東、東海、近畿、中国、四国、北九州など
5地域：九州など
6地域：沖縄など

各等級の基準はわれわれ素人にはよくわからないものですが、一応次のようになっています。

等級4：平成11年に制定された基準（通称「11年基準」）に適合する程度のエネルギー削減が得られる対策を講じた住宅
等級3：平成4年に制定された基準（通称「4年基準」）に適合する程度のエネルギー削減が得られる対策を講じた住宅
等級2：昭和55年に制定された基準（通称「55年基準」）に適合する程度のエネルギー削減が得られる対策を講じた住宅
等級1：その他

われわれ素人には全く算定できませんが、数量的な評価の基準は熱損失係数あるいは熱還流率によって計算するようです。

省エネルギー対策等級って何ですか？
建物の断熱性能など省エネ対策の度合いを示す等級です
省エネ度合いの高いほうから等級4～1
あわせて地域区分（6区分）を表示しますが…
われわれ素人には算定基準・計算方法がわかりませんけどね
私の場合算定基準・計算方法がわかってもわかりませんけどね
数学苦手だもんな

4 高齢者等配慮対策等級

これは平成12年の住宅性能表示基準の1つで、この等級は「専有部分」と「共用部分」に分かれており、前者の適用範囲は一戸建て住宅および共同住宅等で、後者は共同住宅等のみです。それぞれに講じられた対策に基づく等級（5～1）が次の表のように設定されています。

等級の内容を簡単にかいつまんで説明しますと、専有部分と共用部分の違いは、専有部分では「介助用車いす使用者」が「基本的な生活行為を行うことを容易にすること」となっており、共用部分では「自走式車いす使用者と介助者」が「評価対象住戸の玄関から建物出入口まで容易に到達すること」となっています。ただし、これは等級5から等級3までで、高齢者が介助用車いすの使用を想定していない場合は等級2から等級1までです。

すなわち、等級5から等級3においては、専有部分では、車いす使用の高齢者は自走式車いすではなくて、介助用車いすの使用が基本の対策となっています。共用部分では、車いす使用者は自走式車いすで移動することが基本となった対策です。

また等級の違いを、等級の高いほうから低いほうに並べると次のようになります。

それぞれの等級に具体的な評価基準が設けられていますが、詳細にわたっていますので、ここでは省略します。

高齢者等配慮対策等級（専有部分）

等級	講じられた対策	
5	a	移動等に伴う転倒、転落等の防止に特に配慮した措置が講じられていること。
	b	介助が必要となった場合を想定し、介助用車いす使用者が基本的な生活行為を行うことを容易にすることに特に配慮した措置が講じられていること。
4	a	移動等に伴う転倒、転落等の防止に配慮した措置が講じられていること。
	b	介助が必要となった場合を想定し、介助用車いす使用者が基本的な生活行為を行うことを容易にすることに配慮した措置が講じられていること。
3	a	移動等に伴う転倒、転落等の防止のために基本的な措置が講じられていること。
	b	介助が必要となった場合を想定し、介助用車いす使用者が基本的な生活行為を行うことを容易にするための基本的な措置が講じられていること。
2	移動等に伴う転倒、転落等の防止のために基本的な措置が講じられていること。	
1	移動等に伴う転倒、転落等の防止のための建築基準法に定める措置が講じられていること。	

高齢者等配慮対策等級（共用部分）

等級	講じられた対策	
5	a	移動等に伴う転倒、転落等の防止に特に配慮した措置が講じられていること。
	b	介助が必要となった場合を想定し、自走式車いす使用者と介助者が、評価対象住戸の玄関から建物出入口まで容易に到達することに特に配慮した措置が講じられていること。
4	a	移動等に伴う転倒、転落等の防止に配慮した措置が講じられていること。
	b	介助が必要となった場合を想定し、自走式車いす使用者と介助者が、評価対象住戸の玄関から建物出入口まで容易に到達することに配慮した措置が講じられていること。
3	a	移動等に伴う転倒、転落等の防止のために基本的な措置が講じられていること。
	b	介助が必要となった場合を想定し、自走式車いす使用者と介助者が、評価対象住戸の玄関から建物出入口まで容易に到達するための基本的な措置が講じられていること。
2	移動等に伴う転倒、転落等の防止のために基本的な措置が講じられていること。	
1	移動等に伴う転倒、転落等の防止のための建築基準法に定める措置が講じられていること。	

高齢者等配慮対策等級は
専有部分
一戸建て住宅および共同住宅等
共用部分
共同住宅等のみ
専有部分と共用部分とでその適用が分かれています

等級 5	特に配慮した措置が講じられていること
等級 4	配慮した措置が講じられていること
等級 3	基本的な措置が講じられていること
等級 2	基本的な措置が講じられていること
等級 1	建築基準法の定める措置が講じられていること

等級の違いはこのようになります

専有部分は介助用車いすの使用を…
共用部分は自走式車いすで移動することを想定してそれぞれ等級5～3が決められているんですよ

5 劣化対策等級

住宅（マンション）の主に構造躯体の劣化対策の程度を示した等級のことです。住宅（マンション）に使用される建材などの劣化の進行を遅らせるために、どの程度の対策が講じられているかを評価して表示するものです。すなわち、構造躯体などに使用する材料の交換など、大規模な改修工事を必要とするまでの期間を伸長するために必要な対策の程度を示したものです。

主な劣化対策としては、建物の構造部分に使われる木材の湿気対策やシロアリ対策、鉄筋のさび対策、また耐久性の高い建材を使うことや通気換気などの工法上の劣化対策などがあります。

住宅性能表示制度により、以下のように等級3、2、1で表示されます。外見からは判断できない建物の劣化対策を、耐震等級や耐火等級などと同じく等級で表示することで、複数の住宅の劣化対策が相互に比較しやすくなっています。

劣化対策等級（構造躯体等）

等級	講じられた対策
3	通常想定される自然条件及び維持管理の条件の下で三世代（おおむね75～90年）まで、大規模な改修工事を必要とするまでの期間を伸長するため必要な対策が講じられている。
2	通常想定される自然条件及び維持管理の条件の下で二世代（おおむね50～60年）まで、大規模な改修工事を必要とするまでの期間を伸長するため必要な対策が講じられている。
1	建築基準法に定める対策が講じられている。

建材などは当然
劣化しますので…
劣化の進行を
遅らせる対策
をとります
予防
注射
!?
その劣化対策の
程度を等級3～1
で示したものが
劣化対策
等級です
外見じゃ
判断できない
部分だから
役立つ情報に
なりますね
住宅性能
表示制度の
メリットだな

6 維持管理対策等級

これも住宅性能表示基準の項目の1つです。評価書には「維持管理・更新への配慮に関すること」として表示されています。別項で述べた劣化対策等級が長期間にわたる建物の構造躯体の劣化を対象としているのに対し、維持管理対策等級は比較的短期間で修理や交換が必要になる給排水管とガス管を対象にしています。

マンションの維持管理対策等級は、各住戸内の「専用配管」と共用部分の「共用配管」に区分されています。

専用配管でチェックされるのは次の3点です。

(1) ほかの住戸に入らずに専用配管を維持できるよう対策がとられているか（その住戸の配管などをほかの住戸内に設置しないこと）。

(2) 構造躯体を傷めないで点検や補修をするための対策がとられているか（貫通する部分を除き、配管をコンクリートに埋め込まないこと）。

(3) 構造躯体も仕上げ材も傷めないで清掃や点検ができるよう対策がとられているか（点検口や掃除口を設ける）。

以上の3点です。この3点をすべて満たしていれば等級3、(1)(2)だけをクリアしている場合は等級2となります。(1)は先に述べたように、古いマンションですと、自宅の専用配管が床下ではなく、下階の住戸の天井裏に配管されています。そのため、専用配管を維持管理するには、いちいち下階の住戸に行き、許可をもらって作業を行わなければなりません。また、その配管が老朽化して水漏れなどすれば、下階に被害が及びますので損害賠償をしなければなりません。

共用配管でチェックされるのは次の4点です。

(1)構造躯体を傷めないで点検や補修をするための対策がとられているか（貫通する部分を除き、配管をコンクリートに埋め込まないこと）。

(2)構造躯体も仕上げ材も傷めないで清掃や点検ができるよう対策がとられているか（点検口や掃除口を設ける）。

(3)構造躯体も仕上げ材も傷めないで補修する対策がとられているか（補修のために人が通れるスペースを設けている）。

(4)専用住戸内に立ち入らずに点検や清掃、補修をするための対策がとられているか（共用配管が、共用部分や建物の外部、バルコニーなどに設置されている）。

以上の4点です。この4点をすべて満たしていれば等級3、(1)(2)だけなら等級2となります。

新しいマンションほど4点すべてを満たしており、等級3となっています。マンションの間取り図ではPS（パイプ・シャフト）と記載されているところが、共用配管が通っているところで、共用廊下から点検や補修、清掃ができるようになっています。

7 東京都「マンション環境性能表示制度」／その他

東京都「マンション環境性能表示制度」

地方公共団体が独自にマンションの環境性能表示を義務づけている場合があります。東京都では延床面積1万㎡超で住居部分の延面積2000㎡以上などの基準に当てはまる新築マンションに対し、マンションの環境性能について物件チラシでラベル表示することを義務づけています。表示は以下の4項目について、3段階で評価されます。

川崎市建築物環境配慮制度（CASBEE川崎）

川崎市では延床面積500㎡を超える新築マンションに対し、建築物環境計画書の提出とCASBEE川崎による評価結果を物件チラシ中に標章（ラベル）で表示することを義務づけています。標章は以下の6項目のレーダーチャートと総合評価結果が5段階で表示されます。

東京都「マンション環境性能表示制度」

① 建物の断熱性：空調などの光熱費を抑える断熱材の施工状況
② 設備の省エネ性：給湯設備、床暖房、空調の省エネ性
③ 建物の長寿命化：配管の維持管理や改修のしやすさなど
④ みどり：緑の量（面積）と質（高木による植栽など）

川崎市建築物環境配慮制度（CASBEE川崎）

① 居住性：遮音性能やシックハウス対策など
② 機能性・耐用性：配管の耐久性、更新のしやすさなど
③ 緑・まちなみ：まちなみ・景観への配慮など
④ 省エネルギー：建物、設備の省エネ性能
⑤ 省資源・リサイクル：節水や部材の再利用の可能性など
⑥ 周辺への配慮：温暖化対策、日照阻害対策など

住宅品確法における住宅性能表示制度の表示事項のほかに…
・東京都「マンション環境性能表示制度」
・川崎市建築物環境配慮制度（CASBEE川崎）
地方公共団体が独自に　これらのような表示を義務づけている場合があります
東京都のは4項目
川崎市のは6項目で評価しているんですね
はい　これらは基準を超える大きさの新築マンションにおいて義務づけられています
ちなみに
住宅性能表示制度のほうは義務ではありませんよ

第9章　リフォーム事例

1

2戸1化（ニコイチ化）

これはすでに述べましたが、隣接している住戸の住人が引っ越しをし、空室となった住戸を買い、住戸を広くするものです。住戸の間の壁に出入口などを設けて、利用上の利便性を高めています。ただし、本来は住戸の間の壁は共用部分なので、その改変は「建物の区分所有等に関する法律」第17条の「共用部分の変更」に当たり、所定の区分所有者数による決議が必要です。壁がなぜ共用部分になっているかといいますと、住戸間の壁が構造体となっている場合が多いからです。このような構造体に出入口のための穴を開けるとなると、耐震性などが弱くなる場合がありますので、構造体ではないことが必要となります。構造体であっても、例えば、出入口の四周を新たに補強して、従前と変わらない耐力を保つのであれば、構いません。

2戸1化は水平の場合、すなわち、住人が住戸面積を拡大したいと思っている住戸の左右の住戸が空室になった場合に可能です。同様に垂直の場合も可能です。すでに述べましたが、メゾネット形式といい、上下2階分を階段でつなげた住戸となります。この場合は床に穴を開けて階段を設けます。床も共用部分で、構造体となっていますので、壁と同様の処理が必要となります。

また、所有権上の問題があります。先に述べたように、戸界の壁は共用部分なので2戸1化して壁部分を専有部分とすると、その部分が区分所有権に変わりますので、マンション全体の専有部分の床面積割合が増加することになり、全戸が登記をし直さなければならなくなります。そのような面倒なことはしたくないので管理規約を変更して、たとえ2戸1化しても、従来どおり全体の専有部分の床面積割合は変わらないこととしている例もあります。

なお、離れたところが空室になった場合でも、マンション内の住人の移動による調整で2戸1化も可能ですが、権利調整や引っ越しなどの手間がかかるので、実際問題としてはなかなか実行に移すのは難しいようです。

実際に2戸1化が大々的に行われた事例は分譲マンションでは少なく、公営の賃貸マンションでの事例がほとんどです。賃貸マンションの場合は区分所有法による制限はありませんので、家主が自由に改変することができます。

民間の分譲マンションでは、「隠れ2戸1化」といって、管理組合の承認を得ずに住戸間に穴を開け勝手に扉を付けている管理規約違反の例もあるようです。

2 ユニバーサル・デザイン

ユニバーサル・デザインとは「できるだけ多くの人が利用可能なデザインとすること」を意味します。もちろん高齢者や障害者のためのバリアフリーのデザインもそのなかに含まれますので、より広義の概念です。ユニバーサル・デザインには以下に示すような7つの原則があります。

①どんな人でも公平に使えること
②使う上で自由度が高いこと
③使い方が簡単ですぐにわかること
④必要な情報がすぐにわかること
⑤うっかりミスが危険につながらないこと
⑥身体への負担が少ないこと（弱い力でも使える）
⑦接近や利用するための十分な大きさと空間を確保すること

いずれの原則も抽象的な表現にとどまっていますが、具体的にマンションにおける場合の事例を考えてみましょう。①の原則は、バリアフリーを意味しています。すなわち高齢者であっても障害者であっても、普通の健康体の人と変わりなく利用できることを意味します。例えば玄関と廊下の境に段差を設けないことや、階段や斜路などに手すりを設けるなどです。

②の原則では可動式間仕切りにより、子どもの成長に合わせて、個室を設けるなどがあります。また冷蔵庫は置く場所により、扉を右から開けるか左から開けるかの選択が必要となります。すなわち、あらかじめ置く場所を決めてから冷蔵庫を選ばないといけません。そこで考え出されたのが、右からでも左からでも開けられる冷蔵庫です。

③の原則は多様にわたっています。例えば、扉が引き違い戸か開き戸かがすぐにわかるような取っ手を付けます。開き戸の場合は押すのか引くのかがすぐわかることも重要です。日常使う調理器具やトイレ、洗面所、風呂などは、使い方がすぐわかることが重要です。また、日常的ではありませんが、照明の電球の取替えなども簡単に行えることが必要です。

④の原則は③の原則と関係しています。分厚いマニュアルを見ないと使い方がわからないのでは困ります。色により区別をつけている場合があります。例えば、信号と同様に赤は「危険」、「黄色」は要注意、緑は「安全」といった具合です。非常口を示す標識は「緑色」で表示されています。温水と冷水の区別も色のイメージで伝えることができます。すなわち温水は赤、冷水は青といった区別です。

⑤の原則は、高齢化すると物忘れが多くなり、調理器具の火の消し忘れなどが火事につながる場合があります。そのため、現在では、空焚きなどを感知して自動的に消える器具が当たり前となっています。鍵のかけ忘れなども、IT技術の進歩により、警報による通報や、気がついた後に携帯電話で鍵をかけることができるなどのシステムを取り入れることができます。

⑥の原則は、主に高齢者や障害者の方が簡単にできるように配慮されています。扉の取っ手を回すから押す、引くに替える、水洗蛇口の水栓を回すから押す、引くに替えるなどがあります。またハンズフリーといって、電話などで受話器を持たなくても応答できる機器も普及しています。主婦が洗いものをしながら、電話がかけられるのです。

⑦の原則は、例えば、車椅子を使わないと移動できない住人がいる場合、古いマンションですと廊下に車椅子が通るほどの幅がない場合があります。またどうしても階段を通らざるを得ず、住人

が車椅子ごと運んでもらわないと外出できないマンションもあります。そのような不便を解消するものです。また介護用のベッドはかなり大きなものですので、それが扉を通れるように設計されたマンションが望まれます。新築マンションでもそのような配慮がされていない場合がありますので、老後のことを考えてチェックをすることが必要でしょう。古いマンションですと、廊下を拡幅することや、階段を斜路にすること、エレベータを車椅子が入れる機種にするなどは、大がかりな改修となり、物理的（十分な広さの空間の確保）あるいは経済的（改修に大きな金額がかかる）に無理な場合があります。

マンションでは専有部分のみならず、共用部分でのユニバーサル・デザインの配慮が必要です。先に述べたバリアフリーや車椅子利用者のための改善は専有部分のみならず、共用部分での改修が必要です。

ではこの章ではリフォームの事例を見ていきましょう
まず前にもお話しした2戸1化や…

「できるだけ多くの人が利用可能なデザインとすること」を意味する
ユニバーサル・デザインがあります
例えば…

ごめんくだ…
あれ？戸が開かないわ
ガチャガチャ
うわ!?
あ～!!
この戸はヨコに開けるんです
も～
ガラガラ
そんな取っ手じゃ押すか引いちゃうでしょ!!
…と　こんなわかりにくい戸はユニバーサル・デザインとはいえません
ユニバーサル・デザインには7つの原則がありますよ
マンションでは専有部分のみならず共用部分での配慮も必要となります

3

スケルトン・インフィル

スケルトンとは「骨格」を意味し、マンションでいえば構造体を意味します。インフィルとは「骨格」以外の内装だとか設備などの骨格に付帯するもろもろのものをいいます。スケルトン・インフィルの考え方は「スケルトンとインフィルを分けて設計すること」をいいます。この概念は、1962年にオランダの建築家ニコラス・ジョン・ハブラーケンによって提唱された「オープンビルディング」の思想に基づいています。古いマンションではスケルトン・インフィルの考え方で設計されていませんので、リフォームを行うときに、間取りを変えたり設備を更新したりするために、かなりの困難が生じます。特に設備の配管や配線などは、システマチックに設置されていない場合が多いのです。例えば、上下をつなぐ排水管が柱の中を走っていたりする場合には、その更新は非常に困難です。新しいマンションではパイプ・シャフトという大きな筒が上下を貫通しており、各階にある扉から点検できるようになっていて、配管が腐食しても容易に交換できます。

古いマンションで特に問題なのは、各階の排水管や給水管（配水管）が階下の天井裏を走っていることです。排水管や給水管が老朽化して漏水した場合には、階下の居住者に被害が及びます。すなわち、自宅の設備でありながら、他人の家に被害を及ぼすのです。そのため、多くのリフォームでは、自宅の床を上げ、床下に新しい排水管や給水管を通して、階下住戸の天井裏の排水管や給水管を塞ぐことで被害が階下に及ばないようにします。

すけるとん・いんふぃる…ッテ何デスカ？
新しい概念なんですよ
久びさの登場ですな
スケルトンは骨格ですよね
ウン ソレハ知ッテルヨ
インフィルは基本構造以外の間取り・内装・設備のことなんです
そのそれぞれを分けて設計することを スケルトン・インフィルというんです
りふぉーむノ自由度ガ上ガル設計ッポイネ
でも古いマンションはこの考え方で設計されてないのでインフィルのリフォームには困難も生じますけどね

4 コンバージョン

　コンバージョンは英語で「変換」という意味です。マンションのコンバージョンには、事務所ビルを居住用のマンションに変えるなどがあります。東京都の都心では、一般的に事務所の賃貸料がマンションの賃貸料より高額でした。しかし、若いころ郊外住宅を購買した団塊の世代などが、買い換えて都心マンションに移り住むことが増加しました。都心への回帰です。都心の生活は便利で、しかも多様な文化を享受することができるというメリットがあります。そのため、事務所の賃貸料とマンションの賃貸料が逆転したのです。事務所の空室率の増加も手伝って、事務所から居住用のマンションにコンバージョンする事例が増えました。マンションにコンバージョンする場合の改修設計上の難しさは、台所やトイレ、浴室などの水回りを増設しなければならないことです。

　また、かつての高度成長時代に、企業は社員の福利厚生のために独身寮などを建設しましたが、経営環境の悪化に伴い、福利厚生的な部門の縮小が行われ、独身寮をマンションにコンバージョンし、分譲して会社の収益の一環とすることが進みました。

　もちろん、反対のコンバージョンも見られます。マンションから事務所へ、マンションから老人ホームや介護老人施設、グループ・ホームなどへのコンバージョンも見受けられます。もちろん、業務地域に立地するマンションでは、最初から居住用ではなく事務所用として使われているケースも少なくありません。

コンバージョンとはいう意味です
N監督がT選手をレフトからサードにコンバートしたっていう…
そうその名詞形ですね
事務所ビルを居住用に変える
またはその反対
マンション
老人ホーム
あるいはマンションから介護老人施設などにコンバージョンする例もあります
台所・トイレ・浴室など水回りの増設が必要な場合は難しさもあるんですけどね…
でも様々な状況に合わせてメリットを生み出す必要がありますもんね

5 減築

減築とは、現状のマンションの延べ面積を減少させることをいいます。昭和56年（1981年）以前に建築された老朽化したマンションは、旧耐震設計基準によって設計されていますので、新しい耐震設計基準に合致することが求められます。いわゆる耐震改修が必要となるわけです。そこで、空室となった住戸を最上階に交換集約して、空室部分は取り払ってしまうことにより、マンション自体の重さを軽減し、耐震改修を行わずに新耐震設計基準をクリアできる場合があります。

ただ、空室といっても所有者がいるわけですから、勝手に取り払ってしまうわけにはいきません。空室の所有者は、売るか、貸すかして収入源にしたいわけですから、わざわざ自ら取り払うことはしません。そこで管理組合が、その所有者から買い取る方法が考えられます。その際の経済的合理性は、空室の所有者から買収する空室の価格と、それを取り払う価格（解体工事費）を合わせたものと、減築しない場合の耐震改修費用との比較となります。減築する費用が耐震改修工事費用より安ければ経済性が十分あります。例えば、減築費用（空室の買収価格＋解体費用）が2000万円に対して、減築しないで耐震改修を行う場合の費用が2500万円であれば、500万円の経済的効果となります。また減築したので、将来建て替えた場合、その減築面積が余剰床となりますので、それを売ることにより建替え費用にまわすことができます。

現状のマンションの延べ面積を減少させるリフォームもあります
これを減築といいます
老朽化したマンションは新しい耐震設計基準に合致することが求められているので…
空室を最上階に交換集約して
空
引っ越し
撤去
空
空
空室部分は取り払って自重を軽くすることで…
耐震改修を行わなくても新耐震設計基準をクリアできる場合もあるんですよ
耐震改修工事費
<
減築工事費
安くすむなら十分メリットがあるでしょう

6 省エネルギー

リフォームにより省エネルギーを達成する方法は、主に共用部分での改修によっています。主な省エネルギーのためのリフォームに、次のようなものがあります。

①　外壁外断熱
②　屋上断熱
③　窓回りの断熱性能の向上
④　玄関扉回りの断熱
⑤　太陽熱（ソーラー）パネルの設置
⑥　緑化
⑦　エレベータの省エネルギータイプへの交換
⑧　照明器具の省エネルギータイプへの交換
⑨　給水の直結化

①の外壁外断熱とは、既存マンションの外壁の外側に新たに断熱材を設けることにより、夏の熱気が室内に伝わることを少なくし、冬場は外の冷気が室内に伝わることを少なくします。

②の屋上の断熱は①と同様で、屋上に断熱材を設けるものです。さらに屋上緑化をすれば、さらなる省エネルギーとなります。

③の窓回りの断熱性能の向上では、既設のアルミサッシを増設して二重にしたり、普通のガラスを断熱ガラスに替えるなどがあります。

④の玄関扉回りの断熱では、防犯機能と合わせて断熱性能のよい製品が開発されていますので、それに取り替えるなどのリフォームです。

⑤は屋上や外壁にソーラー・パネルを設けて、共用部分の照明などの電源とし、管理費の低減を図るものです。

⑥の緑化は、先に述べました屋上を緑化したり、

外壁に蔓性の植物を這わせて、建物の断熱を図るものです。また、CO_2の軽減にもつながります。ただし、誰が管理するのかという問題が生じ、管理会社が管理するのであれば、管理費の値上がりにつながります。

⑦のエレベータの省エネルギータイプへの交換ですが、新しく開発されたエレベータほど省エネルギータイプとなっていますので、電気代の節約が図れます。特に現在のマンションのエレベータが油圧で上下させるタイプの場合は、つるべ式に替えるだけで、大幅な消費電力の節約となります。また機械室を必要としませんので、機械室を有効活用することができます。ただし、省エネルギーのエレベータの新たな導入は、設備投資金額とメンテナンス費用の節減金額とを十分比較する必要があります。

⑧の照明器具の省エネルギータイプへの交換では、技術開発により低電力で所要の明るさを確保できる照明器具が開発されています。すなわち、蛍光灯タイプの電球やLED（発光ダイオード）による照明器具などです。しかも、機器の寿命が大幅に長くなりましたので、交換の頻度が少なくなります。しかし、現在はまだ価格が高いため、初期投資がかかります。⑦と同様、初期投資とメンテナンス費用とを十分比較する必要があります。

⑨の給水の直結化とは、古いマンションほど、給水は、一度公共水道の配水管からの給水を地下あるいは1階の受水槽にため、それをポンプで屋上の高架（置）水槽に上げて、圧力差を利用して各戸に供給していましたが、それを公共水道の配水管の水圧とマンションに設けられたポンプの増圧によって、直接各戸に給水する方法に替えることです。地域によりますが、3階程度までは、公共水道の配水管の水圧だけで、各戸に供給できますが、3階以上のマンションではポンプで増圧しなければ各戸まで給水できません。直結式と高架

式のいずれも、ポンプの動力により水を上げるのですが、そのポンプがインバータ方式のポンプの開発により、回転数を制御できるようになり、大幅に電気代を節約することができるようになりました。従来のポンプでは、使用量の少ない夜間でも同じ力で連続して水を送っていました。また直結式にすることにより、屋上の高架水槽と地下あるいは1階の受水槽が必要ではなくなります。受水槽が不要となると、その部分の有効活用が可能になります。特に屋上の高架水槽は老朽化するとさびが出たりして水質が低下しますので、定期的な点検・清掃や修理、交換が必要でした。それが不要となる効果があります。

さてリフォームで省エネを達成する方法は
主に共用部分の改修によっています
外壁外断熱
断熱材
外壁
屋上断熱
断熱材
屋上

窓回りの断熱性能の向上
玄関扉回りの断熱
断絶…
ソーラーパネルの設置
緑化
屋上とは思えないわね
エレベータの省エネタイプへの交換
①②③④⑤⑥⑦⑧
照明器具の省エネタイプへの交換
給水の直結化
インバータポンプ
省エネ製品の導入で点検・整備等のコストダウンにつながる可能性もありますよ

第10章　デザインの多様性

1 バルコニーへのガラス戸

新しいマンションほど、顧客をつかむため、新しいデザインの試みを行っています。もちろん時代ごとのはやりもあります。このような新しいマンションにおける多様なデザインをみてみましょう。

(1) バルコニーへのガラス戸をオープンサッシ（開き戸）にする

マンションのほとんどでは、バルコニーに出るためのガラス戸が引き違い戸ですが、新しいマンションでは引き違い戸ではなくて開き戸にしているものがあります。引き違い戸ですと、完全に開けても半分はガラス戸が占めています。しかし開き戸にすることにより、全面開放ができます。内部と外部の一体感をもった広々とした雰囲気となり、風通しがよくなります。また開くことによってサッシの枠が目立たなくなります。

(2) バルコニーへのガラス戸を天井いっぱいまでにする

マンションのバルコニーに面したガラス戸は、一般的に高さは1m80cmで、その上に欄間のようにガラス戸を入れる場合があります。その際には、どうしてもガラス戸とその上の欄間ガラスの間に桟が入ります。桟をなくして、ガラス戸を天井高いっぱいまでにしたマンションが増えてきました。光がよく入り、広々とした環境になります。また梁があると、どうしても天井より下に梁の下端が垂れ下がりますので、逆梁にする場合もあります。

この章では新しいマンションにおける多様なデザインをみていきましょう
まずマンションのバルコニーに出るガラス戸はほとんど引き違い戸ですが…
新しいマンションでは開き戸にしているものがあります
わ～開放的で気持ちいいですねー
またはガラス戸を天井高いっぱいまでにしたものもあります
これも明るく広々しててていいですね

2 寝室をホテルのスイートルーム仕様に／その他

(1) 寝室をホテルのスイートルーム仕様に

スイートルームのスイート（suite）とは、「一続き」「一そろい」「一組」という意味です。「sweet（甘い）」などと記載している物件チラシもありますが、全くの間違いです。寝室にトイレやパウダールーム、浴室を連結させて一体化させ、あたかもホテルのスイートルームにいるようにするものです。身内しかいないので、お風呂と寝室の壁はガラス張りにしたりします。

(2) 間取りの可変性

台所やトイレ・浴室、玄関を除いて大空間を設け、間取りは間仕切りを好きなところに設けることにより、自由に設定できるマンションです。この間仕切りには、ある程度固定した間仕切りと可動間仕切りがあります。子どもの成長や結婚など、家族のライフサイクルで間取りを可変する場合は何十年に1回程度の改変なので、ある程度固定した間仕切りで仕切ります。これは前に述べたスケルトン・インフィルの考え方と同じです。

一方可動間仕切りは、かなり頻繁に間取りを変えたい場合に使います。可動間仕切りのことを「ウォール・ドア（wall door）」などといいます。よく旅館やホテルの大広間などで、宴会の人数によって、広間を分割する間仕切りと同じです。ただし、可動間仕切りは、密閉タイプにすることは困難なので、空調の効率は下がります。また可動式とするため、比較的軽いものとなりますので、遮音性能はよくありません。

寝室をホテルのスイートルーム仕様にしたものもあります
なるほど甘い…
いや甘くもないな…
なにやってんのよアンタは!!
こういうことですよねぇ
い…いえ
どちらも違ってまして…
スイート(suite)とは「一続き」「一組」といった意味です
また大空間を設けて間取りは間仕切りで自由に設定できるようにした…
可動間仕切り
=
ウォール・ドア
(wall door)
間取りの可変性をうたったマンションもありますよ

3 吹き抜け空間／ロフト／その他

(1) 吹き抜け空間

マンションでは、階高が限られていますから吹き抜けを造ることは難しいのですが、メゾネット・タイプのマンションであれば可能です。吹き抜けのことを「ライト・ウェル（light well）」などといっています。直訳すると「光の井戸」という意味です。

(2) ロフト（loft）

ロフトとは通常、屋根裏部屋をいいます。吹き抜けと同様、マンションでは階高が限られていますから、ロフトを造るのは難しいのです。最上階だけ特別にロフトを設けているマンションがあります。もちろん、他の住戸より値段は高くなります。スカイ・ロフトなどと銘打っているマンションもあります。ロフトは一般的に物置などに使われますので、天井高は低く、専有面積には含まれない事例が多いようです。

(3) 温室

わが国のマンションには、まだ見られないようですが、外国の事例ですと、バルコニーに温室を設けて、冷房により室内より排出される暖かい空気を温室に取り込み、省エネとCO_2の削減を図っているマンションがあります。蘭の栽培を趣味にしている方などは、一戸建て住宅でなければ無理と思っていたことが実現できます。なおバルコニーは共用部分ですが、専用使用権が与えられています。専用使用権とは国土交通省の標準管理規約では、特定の区分所有者が排他的に使用できる権利としています。

メゾネット・タイプで
吹き抜けを設けたり
最上階に限られますが
特別にロフトを設けて
いるマンションもあります
また外国の事例
ですがバルコニー
に温室を設けた
ものもあります
エアコンの排熱を
利用して省エネ
とCO2削減を
図っているんです
ちなみに…
吹きぬけをライト・ウェル
(light well)といったり
もします
直訳すれば
「光の井戸」ですね
ま～
栃木さん
ったら
ロマン
チスト

4 パノラマ・ウィンドウ／その他

(1) パノラマ・ウィンドウ

バルコニーに面した窓以外で、外部に面した窓を床から天井までのガラス窓にしているマンションがあります。一般的には角部屋にしかない窓で、腰から上が開口部になっています。床からのガラス戸であれば、開けたら外に落ちてしまいますので、下半分はフィックスの窓として、上半分を開閉可能なガラス戸としています。このマンションのうたい文句は、何にも遮られないパノラマの眺望が得られるということです。バルコニー側はどうしても、バルコニーの手すりや腰壁などにより、完全なパノラマの眺めは得られません。そこで考え出された窓なのです。もちろん子どもなどが誤ってぶつかって、ガラスが割れて下に落ちることのないように、衝撃に強いガラスで造ります。

(2) 様々な装飾

高級感を出すため、あるいは他のマンションとの違いを強調するため、様々な装飾が行われています。例えば、照明にロート・アイアンのシャンデリアが付いていることをうたっているマンションがあります。ロート・アイアンとはヨーロッパで発達した手工芸鍛造鉄のことです。鉄を鋳型ではなく、鍛鉄、錬鉄にして様々なものを作りあげる技術です。製品としては、シャンデリア以外には、門扉やフェンス、階段の手すり、窓枠などがあります。

ここは床から天井までガラス窓にした住戸です
わ〜すてき〜パノラマ・ウインドウですね
安全のために下半分はフィックスの窓になってます
もちろん衝撃に強いガラスですよ
他にも様々な装飾が施されているものもありますから……
広告や物件をいろんな角度からチェックしてみましょう

■著者略歴

中村茂樹（なかむら　しげき）

1943年生まれ。

68年、早稲田大学理工学部建築学科卒業。

70年、早稲田大学大学院理工学研究科修士課程修了。

工学修士、一級建築士。

東海大学工学部建築学科講師、㈱漁村計画研究所取締役を経て、現在、㈱コミュニティ計画研究所代表取締役。

主な著書に、『アジアの水辺空間／くらし・集落・住居・文化』（共著、鹿島出版会）で日本沿岸域学会出版文化賞を受賞。『地相・家相大鑑』（国書刊行会）、『棄民の文化人類学』『近代帝国日本のセクシュアリティ』（以上、明石書店）などがある。

図解不動産業

マンションのチラシを正確に読む方法

2011年10月11日　初版発行

中《なか》村《むら》茂《しげ》樹《き》 著
大《おお》嶽《たけ》あおき 画
発行者 中野博義
発行所 ㈱住宅新報社

編集部　〒105-0003　東京都港区西新橋1－4－9（TAMビル5F）
(03) 3504-0361
出版販売部　〒105-0003　東京都港区西新橋1－4－9（TAMビル5F）
(03) 3502-4151

大阪支社　〒541-0046　大阪市中央区平野町1-8-13（平野町八千代ビル）　電話(06)6202-8541㈹

＊印刷・製本／藤原印刷㈱
落丁本・乱丁本はお取り替えいたします。

ISBN978-4-7892-3395-8 C2030